Alfred Bosbach

1946 – 1971

25 Jahre konsumgenossenschaftliche
Arbeit für den Verbraucher

Chronik der Konsumgenossenschaft Köln eGmbH

HEINRICH-KAUFMANN-STIFTUNG

Herausgegeben von der Heinrich-Kaufmann-Stiftung
des Zentralverbandes deutscher Konsumgenossenschaften e.V.
Baumeisterstraße 2, 20099 Hamburg, Telefon 040 - 235 19 79 0
www.zdk.coop, www.genossenschaftsgruendung.de

Herstellung und Verlag: Books on Demand GmbH, Norderstedt
ISBN 978-3-8334-6681-6

Inhaltsverzeichnis

Anlagen:

Zum Geleit

Wir veröffentlichen hier den Text einer Gedenkschrift der Konsumgenossenschaft Köln über die ersten 25 Jahre nach ihrer Wiedergründung 1946. Die Schrift zeigt eindrucksvoll die mühevolle aber auch enthusiastische Aufbauarbeit nach der Zerschlagung der Konsumgenossenschaften durch die Nationalsozialisten und nach der Zerstörung ihrer Einrichtungen im Bombenkrieg. Ziemlich genau am Ende dieses Vierteljahrhunderts ging die Kölner Konsumgenossenschaft auf in der coop Rheinland, die am 1. Januar 1972 ihren Betrieb aufnahm. Im Strudel der Liquidation der Frankfurter co op AG ist sie schließlich untergegangen.

Köln ist für die Konsumgeschichte von besonderer Bedeutung, war sie doch die Heimatstadt und Zentrale der Genossenschaften der „Kölner Richtung", der christlich-sozial ausgerichteten Genossenschaften, deren Vorkämpfer über Jahrzehnte Peter Schlack war. Peter Schlack hat maßgeblich dazu beigetragen, den historischen Graben zwischen den „Kölnern" und den (sozialdemokratisch orientierten) „Hamburgern" zu überwinden, und so wurde die Kölner Konsumgenossenschaft zur Heimstatt beider Richtungen. Peter Schlack wurde Symbolfigur für christliche Orientierung und politische Toleranz.

Geschrieben hat diese Gedenkschrift Alfred Bosbach, der über Jahrzehnte in leitender Stellung bei der Kölner Konsumgenossenschaft und bei der co op Rheinland tätig war. Er konnte in diesem Jahr seinen 85. Geburtstag feiern. Die Neuausgabe seiner Schrift verbinden wir mit dem Dank an den Chronisten, ohne den wir viele Details der Nachkriegsgeschichte der Konsumgenossenschaften nicht wüssten.

Hamburg, im Juli 2007

Burchard Bösche

Vorwort

Die „Chronik der Konsumgenossenschaft Köln eGmbH" stellt den Versuch dar, die Entwicklung eines Betriebes nach dem zweiten Weltkrieg zu schildern, der trotz schwerster Zerstörungen des Besitzes, durch den Idealismus und Wagemut von Frauen und Männern der ersten Stunde unter heute unvorstellbaren Bedingungen zu einem angesehenen und gesunden Verbraucherunternehmen wurde, mit dem die Mitwettbewerber in einem großen Ausbreitungsgebiet rechnen mussten. In chronologischer Reihenfolge sind diejenigen geschäftlichen Vorgänge und betrieblichen Maßnahmen beschrieben, die für das Wachsen der Konsumgenossenschaft Köln in wechselvoller Zeit von mitunter entscheidungsvoller Bedeutung waren. Dabei mag die eine oder andere Schilderung aus der heutigen Sicht unwesentlich erscheinen: in der damaligen Zeit waren sie es nicht! Die „Chronik" erhebt selbstverständlich keinen Anspruch darauf, alles Erwähnenswerte erfasst zu haben. Ihr Aufbau lässt aber die Entwicklung des Unternehmens durch die sich steigernden Daten und Maßnahmen erkennen.

Wenn hier namentlich nur die Vorstandsmitglieder sowie die jeweiligen Vorsitzenden des Aufsichts- und Betriebsrates genannt werden, muss daran erinnert werden, dass sich im Laufe dieser 25 Jahre viele leitende Mitarbeiterinnen und Mitarbeiter - und nicht zuletzt die gesamte Belegschaft - um die erfreuliche Entwicklung der KG Köln verdient gemacht haben. Um den Verbleib der konsumgenossenschaftlichen Einrichtungen über das Jahr 1971 hinaus zu schildern, wird am Schluss der Chronik die Folgezeit bis heute beschrieben. Ein Anhang soll über jeweils bestandene Organisationspläne, Ausbreitungsgebiete u. a. informieren. Sinn dieser Chronik ist, sich dankbar einer Zeit zu erinnern, in der unzählige Beschäftigte stolz waren auf das Unternehmen Konsumgenossenschaft Köln.

Bergisch Gladbach, im Januar 1983

1946 - 1971

25 Jahre konsumgenossenschaftliche Arbeit für den Verbraucher

Nach der Beendigung des vom Nationalsozialismus provozierten furchtbaren zweiten Weltkrieges im Mai 1945 und dem damit zusammenhängenden völligen Zusammenbruch der deutschen Wirtschaft, fand am 5. Mai 1946 in der Aula der Universität, dem einzigen noch verbliebenen größeren Versammlungsraum in Köln, die Gründungsversammlung der Konsumgenossenschaft Köln eGmbH statt. Rund 1400 Frauen und Männer nahmen hieran teil. Durch die britische Militärregierung wurde das noch vorhandene Vermögen der zuvor durch die Nationalsozialisten aufgelösten drei Konsumgenossenschaften „Hoffnung" und „Eintracht" in Köln und der Verbrauchergenossenschaft Zanders in Bergisch Gladbach der neugegründeten Genossenschaft treuhänderisch übergeben.

Damals schon war Köln alter historischer Boden für die Konsumgenossenschaftsbewegung. Bereits im Jahre 1901 wurde in Mülheim a. Rh., eine zu dieser Zeit noch selbständige Stadt, die Konsumgenossenschaft „Hoffnung" gegründet. Ihre Gründer waren vorwiegend Mitglieder der damaligen freien Gewerkschaft. Ein Jahr später bildete sich, ausgehend von der christlichen Gewerkschaftsbewegung, die Konsumgenossenschaft „Eintracht". Beide Genossenschaften entwickelten sich in kurzer Zeit zu Bezirksgenossenschaften, die ihr Tätigkeitsgebiet weit über die Stadt hinaus ausdehnten.

Der Umsatz der beiden Genossenschaften betrug im Jahre 1930 rund 35,5 Millionen Reichsmark (RM). Im selben Jahr hatten sie schon 137 775 Mitglieder.

Zusammen besaßen diese Unternehmungen im Jahre 1930 361 Abgabestellen (Verkaufsstellen), die sich in den Bezirken Köln, Bonn, Opladen, Bergisch Gladbach, Siegburg und in Orten im linksrheinischen Kölner Vorland befanden. Sie hatten schon zu dieser Zeit mustergültige Zentralen in Köln-Gremberg und Köln-Buchforst mit Großbäckereien, Metzgereien, Kaffeeröstereien und anderen Einrichtungen.

Die freie Entfaltung und Entwicklung der Konsumgenossenschaften wurde durch den autoritären Staat ab 1933 gebremst, indem sie unter Kuratel gestellt wurden. Dies führte im Jahre 1935 bei der „Eintracht" zu einer Umwandlung in eine Handelsgesellschaft. Mitten im Krieg, im Jahre 1941, wurden dann alle noch bestehenden Konsumgenossenschaften aufgelöst und in das sogenannte „Gemeinschaftswerk der deutschen Arbeitsfront (DAF)" überführt. Bei Kriegsende war die Zentrale der Konsumgenossenschaft „Hoffnung" in Köln-Gremberg durch Kriegseinwirkungen völlig zerstört, die Zentralanlagen der „Eintracht" in Köln-Buchforst zu 85%.

Vor diesem geschichtlichen Hintergrund standen die Neugründer der konsumgenossenschaftlichen Arbeit im Kölner Raum vor fast unlösbaren Aufgaben. Mit fast unmenschlichen Kräften war es jedoch der Geschäftsführung und der gesamten Mitarbeiterschaft gelungen, die Zentrale in Köln-Buchforst so weit herzurichten, dass in ihr gearbeitet werden konnte. Von den 361 Abgabestellen im Jahre 1930 wurden im ersten Geschäftsjahr wieder 134 in Betrieb genommen.

Weitere rund 50 Abgabestellen kamen von den damaligen Genossenschaften in Koblenz und Solingen hinzu. Viele dieser Verkaufsstellen waren nur behelfsmäßig instand gesetzt worden. Der einst stolze Fuhrpark von 18 Lastzügen war durch die Folgen des Krieges bis auf einige überalterte Fahrzeuge zerstört. Für den ersten Wiederaufbau der Zentrale Köln-Buchforst wurden 650.000 RM aufgewendet. Die Wiederaufbauarbeiten vollzogen sich unter schwierigsten Verhältnissen, wobei insbesondere die Beschaffung von Materialien außerordentlich schwer war. Die Umsätze betrugen:

- im 1. Jahre 1946 7.127.704.- RM

- im 2. Jahre 1947 8.017.603.- RM

Hieran hatte die Bäckerei alleine einen Anteil von 15%. Die geringe Steigerung zum Jahre 1947 erklärt sich damit, dass der Bezirk Solingen durch die Bildung einer eigenen Genossenschaft wieder ausgeschieden war. Der Personalbestand betrug, Ende 1947, 484 Mitarbeiter. Am Anfang dieser neuen Auf- und Ausbauarbeiten im Kölner Raum standen als verantwortliche Vorstandsmitglieder Peter Schlack

*Peter Schlack
(1875 – 1957),
Mitbegründer
der Konsumge-
nossenschaft Köln
und deren erster
Vorstands-
vorsitzender*

als Gründer der Konsumgenossenschaft „Eintracht" und späterer Ge-
neraldirektor der „Gepag" (Großeinkaufs- u. Produktions Akt.Ges.),
sowie Dr. Peter Billig.

Zum ersten Vorsitzenden des Aufsichtsrates wurde Peter Klevers
gewählt. Genau 3.000 Mitglieder gehörten der Genossenschaft an.

Die Währungsreform bringt die Wende

Das Jahr 1948 war für das deutsche Volk ein schweres Jahr. Die Kaufkraft der Reichsmark sank von Tag zu Tag, während die Einkommen der breiten Schichten unter Lohnstopp standen. Es wurde in vielen Fällen gehungert. Im Schwarzhandel kosteten in dieser Zeit 2 Pfund Brot 30.- bis 60.- RM, ein Pfund Butter 300.- RM, Mehl 20.- RM, Fleisch 60- bis 80.- RM. Ein Paar Schuhe kosteten 1.000.- RM und ein Anzug zwischen 2.000.- und 5.000.- RM. Bezugsscheine für Kleidung oder Wäsche zu erhalten war so gut wie unmöglich. Sie waren nur für Sonderfälle vorgesehen. Und selbst dann konnte es passieren, dass solche Bezugsscheine nicht mehr von Geschäften eingelöst wurden. In den letzten Monaten, die der Währungsreform vorausgingen, waren überhaupt Wirtschaftsgüter für Geld nicht mehr zu haben. Dafür blühte der Schwarzhandel und für die Minderbemittelten der Tauschhandel. Im Gegensatz zu diesem Gebaren der Wirtschaft hat die Konsumgenossenschaft Köln bis zum letzten Augenblick vor dem Währungsstichtag ihre Waren zu den gesetzlich vorgeschriebenen Preisen in RM verkauft. Dies geht aus dem am 20.6.1948 ermittelten Warenbestand in den Verkaufsstellen und dem Zentrallager hervor, der einen Wert von rund 381.000.- hatte. Der Bestand, ein Jahr vorher, betrug über 650.000.- RM. Bei dem gestiegenem Umsatz hätte der Warenbestand eine Million RM betragen müssen.

Der 20. Juni 1948 war der Stichtag für die Währungsreform, die anstelle der Reichsmark die Deutsche Mark (DM) setzte. Die RM-Mark wurde im Verhältnis 10 : 1 in DM umgestellt und später sogar für verbliebene Guthaben bei Banken und Sparkassen soweit gekürzt, dass praktisch eine Zusammenlegung von 100 : 6 ½ erfolgte. Trotz dieser Maßnahmen stellte die Konsumgenossenschaft Köln die ihr verbliebenen Geschäftsanteile der Mitglieder auf 1:1 um. Die Wirkung der Währungsreform in Verbindung mit einer starken Lockerung der Zwangswirtschaft führte einen geradezu unglaublichen wirtschaftlichen Aufschwung herbei. Am Tage nach der Währungsumstellung waren die Schaufenster aller Branchen voll von Waren. Wer Geld hatte konnte alles kaufen, was kurz vorher noch als Märchen erschienen war. Jedoch führte der unwahrscheinlich hohe Bedarf an allen Gütern zu einer Nachfrage, die eine Preissteigerung zur Folge hatte. Durch gesetzliche Maßnahmen, wie die sogenannten „STEG- und Jedermann-Programme", wurde hier Einhalt geboten. Im Lebensmittelbereich traten durch eine gute Ernte und verstärkte Wareneinfuhren durch den Marshallplan die ersten Erleichterungen ein. Die Brotration konnte beispielsweise verdoppelt werden, und die Fettration stieg von 75 g in einer Zuteilungsperiode auf das Zehnfache. Ein damals unglaublicher Vorgang!

Ebenso bemerkenswert war die Lohn- und Gehaltserhöhung im Jahre 1948, die den Beschäftigten der Genossenschaft ca. 26 % mehr Lohn brachte. Angesichts der Festpreise von rund 80% des Warenumsatzes bedeutete diese Erhöhung eine starke Senkung des Ertrages der Genossenschaft. Damit begannen auch wieder die gebrauchswerblichen und ausbildungsmäßigen Maßnahmen, um sich im Wettbewerb zu behaupten.

So wurde die Konsumgenossenschaft Köln vorgestellt:

Die Konsumgenossenschaft Köln ist die neutrale Organisation aller Verbraucher gleich welchen Standes, welcher Partei und welcher Anschauung.

Jede Familie, die sich selbst und der Genossenschaft dienen will, werde Mitglied!

138 Verkaufsstellen in den Bezirken Köln, Bonn, Opladen, Siegburg.

Jede Hausfrau hat das Recht, sich ohne Verpflichtung durch Probeeinkäufe von dem Vorteil zu überzeugen.

Der Überschuss wird an die Mitglieder als Warenrückvergütung verteilt.

Ende 1948 hatte die Genossenschaft bereits wieder 19.994 eingetragene Mitglieder mit einem Geschäftsguthaben von 314.605.- DM. Damit wurden rund 80.000 Menschen mit Gütern des täglichen Bedarfs von der Konsumgenossenschaft Köln versorgt. Bei ausreichenden Rückstellungen für Steuern, Warenpreissenkungen und einer 3 %igen Rückvergütung von 130.000.- DM verblieb der Genossenschaft im ersten Rumpfjahr der freien Entfaltung des Marktes ein Überschuss von 3.150.76 DM.

Das Wirtschaftswunder beginnt

Der gesamte Handel stand in der folgenden Zeit vor einem völlig veränderten Wirtschaftsgeschehen. Während bis zur Währungsreform Waren des täglichen Bedarfs kaum zu haben waren, standen sie am Tage nach der Währungsreform fast in vollem Umfange zur Verfügung. Dies war ein Beweis dafür, in welchem Maße Vorräte gehortet worden waren. Die Warenrationierung wurde bald völlig aufgehoben. Die Folge war zunächst, dass die Preise allgemein eine sinkende Tendenz aufwiesen. Vorübergehend trat eine Steigerung der Preise bei starker Nachfrage bestimmter Artikel ein. Dies wiederum war eine Folge der altbekannten Tatsache in einer freien Marktwirtschaft, dass Angebot und Nachfrage den Preis bestimmen. Mit Robert Bergmann wurde ein weiteres Mitglied in die Geschäftsleitung berufen. Zunächst als Geschäftsführer tätig, wurde er im Dezember 1951 von der Vertreterversammlung in den Vorstand gewählt. Die Konsumgenossenschaft Köln kehrte allmählich wieder zu den genossenschaftlichen Grundprinzipien zurück, wonach sie bestrebt war, qualitativ gute Ware zu günstigen Preisen anzubieten und damit die Hauswirtschaft ihrer Mitglieder zu fördern. Dies wurde im Wesentlichen erreicht durch den Großeinkauf, vorzugsweise bei der Großeinkaufsgesellschaft deutscher Konsumgenossenschaften (GEG) mit Sitz in Hamburg, an der die KG Köln mit einem Gesellschafterkapital von DM 400.000.- beteiligt war, durch Eigenproduktion, wie Bäckerei, Konditorei, Metzgerei, Kaffeerösterei, Weinveredelung und -abfüllung usw., durch das Prinzip der Barzahlung ihrer Mitglieder und Kunden, um auch selbst durch Barzahlung bei ihren Lieferanten alle Vorteile zu erreichen, und nicht zuletzt auch durch sorgsames Wirtschaften, zur Vermeidung von hohen Risiken, wie sie, sich gerade in dieser Zeit in verführerischer Weise anboten. So konnten zunächst im Jahre 1949 nur vier neue Verteilungsstellen eröffnet werden. Die Ladenlokale waren eben nur gegen Zahlung von erheblichen Baukostenzuschüssen zu erhalten. Es wurden Mietvorauszahlungen bis zu fünf Jahren und mehr gefordert. Die Ausweitung des Verteilungsstellennetzes war jedoch die erste Voraussetzung für eine gute Umsatz- und Ertragsentwicklung. Aus früheren Zeiten bekannte soziale Leistungen für

Mitarbeiter gewannen allmählich wieder an Bedeutung. So wurden die Mitarbeiter in einer zusätzlichen Pensionskasse versichert, wobei die Genossenschaft 50% mehr als Beitrag für den einzelnen abführte, als dieser selbst zu zahlen hatte. Sicherlich eine große soziale Leistung in dieser Zeit! Das Ergebnis genossenschaftlicher Arbeit wurde in erheblichem Maße durch eine Sonderumsatzsteuer beeinflusst, die als Unrecht gegenüber dem privaten Einzelhandel bekämpft wurde.

Diese Benachteiligung geht aus folgender Aufstellung aus dem Jahre 1949 hervor:

Umsatzsteuervergleich

Privater Großhandel	3⁄4 %
Privates Backgewerbe	1 1⁄2 %
Privater Einzelhandel	3 %
Konsumgenossenschaft Köln	3 3⁄4 %

Eine rasante Entwicklung beginnt

Die nachfolgenden Jahre der Konsumgenossenschaften allgemein - und der Konsumgenossenschaft Köln im besonderen- waren von einer erfreulichen Entwicklung aller wichtigen betriebswirtschaftlichen Daten gekennzeichnet. Der neugegründete Zentralverband deutscher Konsumgenossenschaften (ZdK) mit Sitz in Hamburg veröffentlichte bereits 1951 folgende Zahlen:

Anzahl der Konsumgenossenschaften	303
Anzahl der eingetragenen Mitglieder	1.606.000
Gesamtzahl der Verteilungsstellen	6.953
Gesamtzahl der Beschäftigten	39.112

Die Wirtschaftsorganisation der deutschen Konsumgenossenschaften, die Großeinkaufsgesellschaft deutscher Konsumgenossenschaften, meldete zum gleichen Zeitpunkt folgendes:

- Gesamtumsatz: 582,8 Mill. DM
- Umsatz der Herstellungsbetriebe: 227.8 Mill. DM
  Anzahl der Beschäftigten rund 7.000 in 38 Produktionsbetrieben

Das Jahr 1951 war für die Genossenschaft ein Jubeljahr hinsichtlich ihres Alters: es konnte das 50-jährige Bestehen gefeiert werden (entsprechend der Konstituierung der Konsumgenossenschaft „Hoffnung" am 10. März 1901 und der Gründung der Konsumgenossenschaft „Eintracht" am 31. Mai 1902). Die Feier war der Bedeutung des Unternehmens würdig. Führende Genossenschafter des Zentral- und Landesverbandes, Vertreter befreundeter Vereine und Organisationen und andere zahlreiche Festgäste überbrachten ihre Glückwünsche.

GEG - die Wirtschaftszentrale der Konsumgenossenschaften

Zu dieser Zeit war die Konsumgenossenschaft Köln die fünftgrößte Genossenschaft in der Bundesrepublik. Als Jubiläumsgabe für alle Kunden und Mitglieder wurde in der Woche vom 7. - 14. Oktober ein Preisnachlass von 5% auf alle Waren gewährt. Auch in wirtschaftlicher Hinsicht brachte das Jubiläumsjahr die Genossenschaft ein großes Stück weiter. Das Verwaltungsgebäude der Zentrale konnte fertig gestellt werden, die Bäckerei wurde wieder voll instand gesetzt, und eine große Anzahl von Verteilungsstellen wurden mit neuen Einrichtungen versehen, die in eigener Schreinerei angefertigt wurden und modernen Anforderungen entsprachen.

Die Verwaltungszentrale in Köln-Buchforst – von Bomben beschädigt und wiederhergestellt

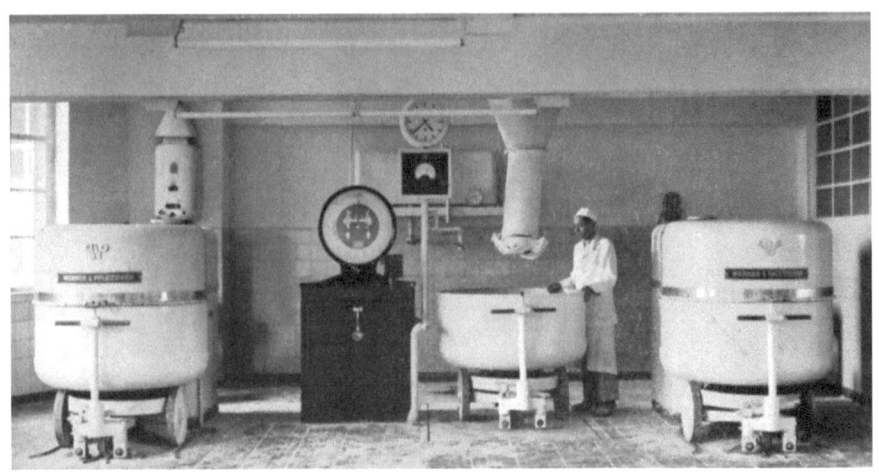

1951 – der neue Teigraum und der Gitterbandofen in der Bäckerei

Eine kleine Sensation war die Anschaffung eines Gitterbandofens in der Bäckerei, die bis dahin nur die geretteten und erneuerten alten Doppelauszugöfen benutzen konnte. Dieser Ofen stieß im Fließbandverfahren ca. 8.000 Brötchen pro Stunde aus. Dadurch wurde die Produktion von ca. 33.000 Stück pro Woche auf ca. 150.000 Stück gesteigert. Im Jubiläumsjahr konnte die Genossenschaft den Umsatz gegenüber dem Vorjahre um 36,8 % steigern. Die Bäckerei erzielte sogar

46,8 %. Durch die Werbearbeit wurden alleine in diesem Jahre 7.469 neue Mitglieder gewonnen. Der Betriebsrat des Unternehmens hatte inzwischen den außerordentlich engagierten und rührigen Leiter der betriebseigenen Schreinerei, Aloys Emmrich, zu ihrem Vorsitzenden gewählt. Die Zusammenarbeit zwischen Vorstand und Betriebsrat war dank der besseren Entlohnung der Konsumgenossenschaft Köln gegenüber dem privaten Einzelhandel und der bereits bestehenden freiwilligen Sozialleistungen harmonisch. Die freiwilligen Sozialleistungen betrugen bereits im Jahre 1951 fast eine viertel Million DM. Es wurde ein Sozialfonds für bedürftige Mitarbeiter eingerichtet, der zu gleichen Teilen von den Beschäftigten und dem Unternehmen getragen wurde. Das Ergebnis im Jubiläumsjahr 1951 war die erstmalige Auszahlung einer Rückvergütung von 5 % an die kaufenden Mitglieder, während im Vergleich hierzu der private Einzelhandel nur 3 % Rabatt auf einen Teil der Ware zahlte. Dies kennzeichnete auch die Sonderstellung der Genossenschaft auf dem Gebiete der Preisgestaltung, die durch ihre Maßnahmen und Leistungen insgesamt preisregulierend wirkte.

Der erste Selbstbedienungsladen

Die Wiederaufbauarbeiten bei den zentralen Anlagen, den Verteilungsstellen und eigenen Häusern der Genossenschaft standen immer noch im Vordergrund aller Aktivitäten. Dabei muss daran erinnert werden, dass nach dem Zusammenbruch im Jahre 1945 die Anlagen der Kölner Genossenschaften am meisten von allen Genossenschaften beschädigt waren. Durch Neueröffnungen verfügte Ende 1952 das Unternehmen schon wieder über 148 Verteilungsstellen. Die Anpassung an die Entwicklung im Handel verlangte vorausschauende Planungen und Änderungen im Verkaufssystem. Um die Einkäufe der Mitglieder und Kunden schneller abzuwickeln, wurde ein sogenanntes Schnell- oder Tempo-Bedienungs-System eingeführt. Hierbei wurden die einzelnen Artikel nicht mehr auf Kassenzetteln vermerkt und preislich errechnet, sondern nur noch in einem Korb zusammengetragen und über die Registrierkasse abgerechnet.

Einer der ersten Tempoläden der Konsumgenossenschaft

Selbstbedienungsladen in Köln-Sülz

Man musste sich erst an den Einkaufswagen gewöhnen

Der Clou des Jahres war jedoch die Eröffnung des ersten Selbstbedienungsladens der Genossenschaft und auch des ersten im Kölner Raum. Er befand sich auf der Kaiserstraße in Siegburg und hatte
bei der dortigen etwas konservativen Bevölkerung zunächst nicht den
erhofften Erfolg gebracht. Wie man heute weiß zu Unrecht. Die inzwischen wieder in Betrieb genommene Kaffeerösterei konnte durch
die Aufstellung eines modernen Kaffeerösters und einer neuen Reini-
gungsmaschine die Qualität stark verbessern und somit den Kaffee-
umsatz steigern. Erstmalig wurden sogenannte „Verbraucherwochen"
veranstaltet und somit neue Wege in der Werbearbeit beschritten. Die
Veranstaltungen in einem großen Zelt an der Zentrale wurden von
rund 15.000 Frauen und Männern besucht.

Ein weiterer Höhepunkt war die Feier des goldenen Dienstjubilä-
ums des Nestors der Genossenschaft, Peter Schlack. Dem Festakt des
aus diesem Anlass verliehenen „Großkreuz des Verdienstkreuzes der
Bundesrepublik Deutschland" wohnten mehrere Minister, Oberbür-
germeister und zahlreiche Ehrengäste bei. Wegen des enormen Geld-
bedarfes für die weitere Aufbauarbeit wurde der Genossenschaftsan-
teil von 50.- auf 60.- DM erhöht. Dies fiel für den Einzelnen jedoch
nicht sehr ins Gewicht, weil gleichzeitig die Rückvergütung wegen

des guten Geschäftsjahres auf 6% erhöht wurde. Für die Mitarbeiter in den Verkaufsstellen wurde ein halber freier Tag durch Schließung der Läden am Dienstagnachmittag eingeführt, womit die Genossenschaft wieder einmal der Konkurrenz um eine Nasenlänge voraus war.

Neuer vierköpfiger Vorstand

Mit Ablauf des Jahres 1952 hatte der Mitbegründer der Konsumgenossenschaft nach dem Kriege und Vorstandsvorsitzender, Peter Schlack, aus Altersgründen seine Tätigkeit im Vorstand beendet. Er wurde von den Delegierten zum Ehrenvorsitzenden des Aufsichtsrates gewählt. Zwischenzeitlich hatte Wilhelm Janssen den Vorsitz des Aufsichtsrates übernommen. Peter Klevers war aus Gesundheitsgründen zurückgetreten. Das Ausscheiden von Peter Schlack bewirkte eine gravierende Änderung im Vorstand der Genossenschaft. Nachdem Dr. Peter Billig aus dem Vorstand ausschied, wurde aufgrund der stürmischen Entwicklung des Unternehmens der Vorstand auf vier Personen erweitert. Frau Grete Juchem, zuvor Vertriebsleiterin und seit über drei Jahrzehnten in der gesamten Genossenschaftsbewegung als engagierte, beredte und temperamentvolle Frau bekannt, und Heinz Jaeschke, der bereits als Vorstandsmitglied in der Konsumgenossenschaft -Solingen wertvolle Aufbauarbeit geleistet hatte, wurden in den erweiterten Vorstand berufen. Die stetig steigenden Leistungen der Genossenschaft im Hinblick auf Warenqualität, -sortiment und vor allem bei der Preisgestaltung, brachten enorme Mitliederzugänge. So konnten - am 31.12.1953 - 55.887 Mitglieder registriert werden. Somit wurden zu diesem Zeitpunkt rund 200.000 Personen durch die Genossenschaft versorgt, wenn man alle Mitglieder als kaufende unterstellt und einen durchschnittlichen 4-Personen-Haushalt zugrunde legte.

Eine interessante Zusammenstellung sei hier wiedergegeben.

Bezirk	VST	Haushalte	Mitglieder
Köln-Stadt	63	200.701	22.641
Köln-Land	17	28.722	6.498
Bonn-Stadt	7	26.524	2.958
Bonn-Land	12	20.660	3.687
Siegkreis	16	23.737	5.829
Kreis Euskirchen	5	3.580	1.542
Rhein.Berg.Kreis	14	16.178	5.753
Rhein-Wupper-Kreis	16	32.758	4.911
Kreis Bergheim	10	7.874	3.116
Gesamt	**160**	**360.734**	**56.935**

Damit hatten die Genossenschaftsmitglieder einen Anteil von 15,8 % an der Gesamtbevölkerung in den Gebieten, in denen die Konsumgenossenschaft Köln Verteilungsstellen unterhielt. Ein weiterer wesentlicher Fortschritt war die Einrichtung einer Abteilung für Aus- und Fortbildung, wodurch die Bildungsarbeit kontinuierlicher, fachgerechter und intensiver durchgeführt werden konnte. Die Erfolge dieser Arbeit fanden sehr bald sichtbaren Ausdruck in den Ergebnissen der Lehrabschlussprüfungen und im Verkauf schlechthin. Diese Abteilung entwickelte sich zu einer der angesehensten im Genossenschaftsbereich. Auch die inzwischen auf 1.335 Personen angestiegene Belegschaft und der Druck der Mitwettbewerber machten diesen Schritt notwendig.[1]

Hier wird das Verpacken von Fleischwaren im Rahmen der betrieblichen Fortbildung geübt

Die GEG unterstützt die Verkaufsschulungen durch lehrreiche Sketchs

Stein des Anstoßes:
§ 8 Abs. 4 des Genossenschaftsgesetzes

Während die deutschen Konsumgenossenschaften entsprechend den Bestimmungen des Genossenschaftsgesetzes von 1889 bis zum zweiten Weltkriege nur an ihre eingetragenen Mitglieder verkaufen durften, war diese Bestimmung nach dem Kriege zunächst außer Kraft gesetzt worden. Es wurde jedoch als Hemmnis empfunden, in der freien Marktwirtschaft nur an Mitglieder verkaufen zu dürfen. Dem jahrelangen Begehren der deutschen Konsumgenossenschaften auf Verkauf an jedermann wurde vom Bundestag mit dem Gesetz zur Änderung des Genossenschafts- und Rabattgesetzes entsprochen. Ab 19. Juni 1954 wurde der § 8, Abs. 4 des Gen.Ges. gestrichen. Diese Änderung brachte jedoch eine Einschränkung der Rückvergütungsgewährung an die Mitglieder auf 3 %, wie es auch das Rabattgesetz für den privaten Handel vorschrieb. Damit musste nun das Unternehmen leben, obschon ein wesentlicher genossenschaftlicher Grundsatz, nämlich die Überschussverteilung an die Mitglieder verloren ging. Man war daher bemüht, diesen Nachteil durch noch günstigere Preisgestaltung auszugleichen, wovon jedoch auch Nichtmitglieder profitierten. Die Rückvergütung von nunmehr 3 % auf die gekauften Waren erhielten nur die Mitglieder. Durch den frühen Tod des Betriebsratsvorsitzenden Aloys Emmrich am 29.8.1952 wurde sein Nachfolger Leo Zinn, der diese Funktion bis zu seinem Ausscheiden aus Altersgründen am 31.12.1971 inne hatte. Unter seinem Vorsitz wurden im Einvernehmen mit dem Vorstand eine Reihe sozialer Einrichtungen geschaffen, die zu dieser Zeit keineswegs selbstverständlich für eine Betriebsratsarbeit waren. Die freiwilligen Aufwendungen lagen bereits im Jahre 1954 bei rund 875.000.-DM. Besondere Erwähnung verdient hierbei die Einrichtung einer betrieblichen Unterstützungskasse, die unter dem Namen „Peter-Schlack-Stiftung" ins Leben gerufen wurde. Hieraus entwickelte sich später die segensreiche Rentenzuschusskasse.

Das Geschäftsergebnis 1954 erlaubte es, an die Mitglieder eine Rückvergütung in Höhe von 8 % zu zahlen, die sich jedoch aufgrund der
neuen gesetzlichen Bestimmungen nur auf die Einkäufe bis zum
30.6.1954 beziehen durfte. Der Mitbegründer der Konsumgenossenschaft Köln und deren erster Aufsichtsratsvorsitzender, Peter Klevers,
verstarb am 4. Dezember 1954. Sein ganzes Leben war eng mit den
Konsumgenossenschaften und der christlichen Sozialbewegung ver-
knüpft.

Erstes Jahr mit Rückvergütungsbeschränkung

Für das Geschäftsjahr 1955 blieb die Frage offen, welchen Einfluss die
neuen gesetzlichen Regelungen auf die konsumgenossenschaftliche
Entwicklung nehmen könnten. Die Genossenschaften mussten noch
mehr als vorher ihren preisregulierenden Einfluss sichtbar machen.
Sie mussten das Versprechen an ihre Mitglieder einlösen, wonach für
sie durch die Rückvergütungsbeschränkung keine Verschlechterungen
beim Einkauf eintreten durften. Dies war eben nur über die Waren-
preise erreichbar. Im ersten Jahr nach Inkrafttreten des neuen Geset-
zes war eine allgemeine Preissteigerung nach dem Index von 2 % zu
verzeichnen. Der Durchschnitt der Preisreduzierung gegenüber dem
Vorjahr lag bei der Konsumgenossenschaft Köln bei 3,9 %. Mit dieser
Reduzierung und der 3%igen Rückvergütung wurde die alte Rückver-
gütungsleistung erreicht. Eine Umsatzsteigerung von 20,4 % in diesem Jahre machte mutig und zuversichtlich für die kommenden Jahre.
Durch die Umsatzentwicklung war die Erweiterung des Zentrallagers
unerlässlich geworden. In drei Richtungen wurde es erweitert. Hierbei
wurden Warenanlieferung und Warenausgang räumlich getrennt.

Die Warenanfuhr erfolgte nunmehr an einer durchlaufenden
Längsrampe im inneren Verkehrshof. Die Warenauslieferungen erfolgten an einer zweiten durchlaufenden Längsrampe an der gegen-
überliegenden Seite des Lagers. Für die damals 24 modernen Last-
fahrzeuge der Genossenschaft wurde der Ladeplatz gleichzeitig der

In Ergänzung des Kataloggeschäfts werden Textilien während der Verbraucher-Wochen angeboten

Standplatz. Die Lagererweiterung wurde zum Anlass genommen, das neuzeitliche Palettensystem für, den Warenumschlag einzuführen. Die bereits in kleinem Maße erfolgte Erweiterung des Warenangebotes auf Textil- und Haushaltwaren wurde nun durch die Einführung eines Kataloggeschäftes für Mitglieder und Kunden noch interessanter. Durch die Verteilung von GEG-Katalogen wurde eine Bestellung erleichtert, wobei auch auf Katalogwaren 3 % Rabatt gewährt wurden.

10. Geschäftsjahr nach der Wiedergründung

Die wirtschaftliche Entwicklung des Jahres 1956 wurde mitbestimmt durch weltpolitische Spannungen und Krisen. Trotzdem brachte gerade dieses Jahr der Bevölkerung der Bundesrepublik einen bis dahin nicht erreichten Wohlstand. Die Konsumgenossenschaft Köln konnte im 10. Geschäftsjahr nach Wiedergründung vor allem über ein Jahr der steigenden Mitgliederzahlen und der Vertiefung genossenschaftlichen Gedankengutes berichten. In diesem Jahre hatte sich eine besonders rege Versammlungstätigkeit für die Genossenschaftsmitglieder entwickelt. In 183 Mitgliederversammlungen wurde ihnen die Gelegenheit gegeben, von ihrem Mitspracherecht Gebrauch zu machen. In 22 großen Zeltveranstaltungen aus Anlass der alljährlichen „Verbraucherwochen" nahmen über 22.000 Verbraucher teil. Eine große Warenschau in einem Ausstellungszelt brachte die Leistung der Genossenschaft sichtbar zum Ausdruck. 10.620 Frauen nahmen an 52 Frauenversammlungen teil, die in den einzelnen Verkaufsstellenbezirken stattfanden. Als Informationsmittel wurde seit einiger Zeit für die tätigen und ehrenamtlichen Mitarbeiter eine Informationsschrift mit dem Titel „Der genossenschaftliche Mitarbeiter" und für Mitglieder und Kunden die überregionale Zeitschrift „Die Genossenschaftsfamilie" herausgegeben. Auch die innerbetriebliche Aus- und Fortbildung erhielt immer mehr Bedeutung. Als zusätzliche Aufgabe ergab sich in den Jahren besonders angespannter Personallage durch Vollbeschäftigung die Durchführung von Maßnahmen zur Gewinnung neuer Lehrlinge. So fanden erstmals Konferenzen mit Lehrpersonen von Volksschulen statt. In 24 Betriebsbesichtigungen mit fast 1.000 Entlassschülern und -schülerinnen wurde diesen Gelegenheit gegeben, den Lebensmittel-Filialbetrieb kennenzulernen, und sie erhielten durch anschauliche Darstellungen und Filme einen Einblick in den Beruf des Lebensmittel-Einzelhandelskaufmannes. Die schon zu dieser Zeit hohe Anzahl von Verkaufslehrlingen führte zur Errichtung von fünf genossenschaftseigenen Klassen an Kölner Berufsschulen. Hierdurch wurde ein wesentlicher Fortschritt in der Überwachung des Schulbesuches und vor allem der Schulleistungen erzielt.

Das Jubiläumsjahr brachte der Konsumgenossenschaft Köln die dritte Stelle hinsichtlich der Umsatzgröße aller Konsumgenossenschaften im Bundesgebiet. Diese Stelle -nach der Konsumgenossenschaft „Pro" in Hamburg und der Konsumgenossenschaft Dortmund behielt die KG Köln bis zu ihrer Verschmelzung.

10 % Marktanteil

Der Wohlstand des überwiegenden Teils der Bevölkerung nahm weiter zu. Durch sozialpolitische Maßnahmen wurde er auch denjenigen zuteil, die zuvor abseits der günstigen Wirtschaftsentwicklung gestanden hatten: Die große Rentenreform brachte die lang erwartete und unbedingt notwendig gewordene Anpassung der Renten an den höheren Lebensstandard und die gestiegenen Lebenshaltungskosten. Es gab so gut wie keine Arbeitslosen mehr. Die Preissteigerungen waren jedoch beunruhigend und begreiflich zugleich. Sie waren zu erklären mit den wirtschaftlichen Maßnahmen, die sich im Hinblick auf den „Gemeinsamen Markt in Europa" ergaben, vor allem mit dem System der Subventionen den staatlich gestützten Preisen bestimmter Artikel des täglichen Bedarfs. Der Marktanteil der deutschen Konsumgenossenschaften entwickelte sich erfreulich.

Im Jahre 1957 ergab sich folgendes Bild:

Freiwillige Ketten	30,0
Einkaufsgenossenschaften	28,5
Selbständige, Einzelhändler	18,0
Filialbetriebe	11,8
Konsumgenossenschaften	10,0
Lebensmittelabteilungen der Warenhäuser	1,7

Die Konsumgenossenschaft Köln errichtete alleine in diesem Jahre 17 neue Verkaufsstellen und hatte inzwischen 7 Selbstbedienungsläden und 136 Verkaufsstellen, die nach dem Tempo-System betrieben wurden. In 6 Läden wurde Frischfleisch angeboten, das aus dem an der Zentrale zunächst bescheiden eingerichteten Fleischereibetrieb kam. Die Großbäckerei der Genossenschaft verfügte inzwischen über drei moderne Gitterbandöfen. Durch die gasbeheizten Öfen wurde bei verhältnismäßig geringen Betriebskosten ein Backprozess erreicht, der mit der vollautomatischen Teigverarbeitung für gute und gleichbleibende Qualität der Backwaren sorgte. Ein Ofen stand der Konditorei zur Verfügung und zwei gleichgroße standen in der Brotbäckerei. Das Brot durchlief auf einem 3 m breiten Fließband den 27 m langen Ofen, der in der Stunde 1.200 Brote schaffte. Beide Öfen buken in der Woche soviel Brote, dass sie, aneinandergereiht, der Strecke Köln - Essen entsprachen. Da der Verkauf von Obst und Gemüse einen immer größeren Anteil erhielt, war der Neubau eines Obst- und Gemüselagers erforderlich geworden. Hierdurch wurde die Genossenschaft in die Lage versetzt, das Angebot in diesen Artikeln noch vielseitiger zu gestalten und eine frühzeitigere und schnellere Belieferung der Verkaufsstellen durchzuführen.

Im Jahre 1957 musste das um die Konsumgenossenschaft Köln hochverdiente Vorstandsmitglied, Frau Grete Juchem, aus gesundheitlichen Gründen ihre hauptamtliche Tätigkeit beenden und stand nun nur noch als gewähltes Mitglied des Aufsichtsrates zur Verfügung. An ihre Stelle im Vorstand trat der bisherige Vorsitzende des Aufsichtsrates, Wilhelm Janssen. Zum neuen Vorsitzenden des Aufsichtsrates wurde dessen langjähriges Mitglied Bernhard Deutz gewählt.

Einen schweren Verlust erlitt die Konsumgenossenschaft Köln durch den Tod ihres Mitbegründers und ersten Vorstandsvorsitzenden nach dem Kriege, Peter Schlack. Er verstarb am 4. Februar 1957 im Alter von 82 Jahren. Über seine Pioniertätigkeit als Genossenschafter im Kölner Raum wurde bereits berichtet. Es war seine Lebensaufgabe gewesen, dem Verbraucher durch die konsumgenossenschaftlichen Einrichtungen zu dienen. Die GEG ehrte ihn, indem sie einen ihrer Fischdampfer auf den Namen „Peter Schlack" taufte, und die Stadt Köln setzte ihm ein Denkmal durch die „Peter-Schlack-Straße" in Köln-Longerich.

Die 200. Verkaufsstelle wird eröffnet

Genossenschaften, die über 3.000 Mitglieder zählten, mussten alle drei Jahre Vertreter wählen, die die Anliegen der Mitglieder in den „Vertreterversammlungen" vortrugen und deren Interessen vertraten. Die Vertreterversammlung war das höchste Organ der Genossenschaft und zählte, im Jahre 1958, 290 Delegierte, die in den einzelnen Verkaufsstellenbezirken von den eingetragenen Mitgliedern gewählt worden waren.

Der Aufsichtsrat der Genossenschaft umfasste 15 Mitglieder, hiervon waren 10 Mitgliedervertreter, die von der Vertreterversammlung gewählt waren und 5 von der Belegschaft gewählte Arbeitnehmervertreter.

Während einer Sitzung des Aufsichtsrates (zweiter von links der Verfasser)

In einer Frauengruppe der Genossenschaft hatten sich über 500 Mitgliederfrauen organisiert, die von einem 15-köpfigen Beirat geleitet wurde. Sie hatte es sich zur Aufgabe gemacht, in ehrenamtlicher Weise bei Hausfrauen für die Idee der Konsumgenossenschaften und ihre Aufgaben zu werben und aufklärend in Fragen der Hauswirtschaft zu wirken. Sie war der nationalen Frauengilde der Konsumgenossenschaften angeschlossen. In vielen Lehrgängen und Zusammenkünften wurde diese Gruppe immer wieder mit den aktuellen wirtschaftlichen und genossenschaftlichen Fragen konfrontiert. Die gute Entwicklung der Konsumgenossenschaft Köln war nicht zuletzt auch auf die Aktivitäten der Frauengruppe zurückzuführen. Der enorme Zuspruch der Genossenschaft in der Bevölkerung und der Wunsch auf Eröffnung neuer Läden in bisher nicht vertretenen Gebieten führten zu einer raschen Verdichtung des Verkaufsstellennetzes. So konnte bereits zur Jahreswende 1957/58 die 200. Verkaufsstelle eröffnet werden.

Ende 1958 ergab sich folgendes Bild hinsichtlich der Verkaufsform:

- 40 Bedienungsläden,
- 153 Tempoläden,
- 12 Selbstbedienungsläden.

Die Ausweitung des Ausbreitungsgebietes brachte naturgemäß auch einen höheren Personalbedarf mit sich. So beschäftigte das Unternehmen zum Jahresende 1958 2.159 Personen. Die Beschaffung genügenden Nachwuchses für den Verkauf gestaltete sich durch die Vollbeschäftigung, die geburtsschwachen Jahrgänge und durch die Tatsache, dass der Beruf der Verkäuferin den Schulabgängern nicht

Unsere Konsumgenossenschaft wirbt 1959 in den Kölner Messen unter dem Namen des Verbandes um neue Lehrlinge

attraktiv genug erschien, immer schwieriger. Es mussten daher in den Anwerbemethoden neue Wege beschritten werden. Als das Arbeitsamt Köln erstmalig eine „Berufskundliche Ausstellung" für Schulentlassene aller Schultypen veranstaltete, vertrat die KG Köln mit einem ansprechenden Stand und interessantem Informationsmaterial den Beruf des „Lebensmittel-Einzelhandelskaufmannes".

In den nachfolgenden Jahren wurde durch komplett eingerichtete Selbstbedienungsläden innerhalb der Ausstellungen der Kölner Messe geworben. Diese Ausstellung wurde alljährlich von über 20.000 Schülerinnen und Schülern besucht. Nicht zuletzt durch diese neuartige Methode der Anwerbung konnte der jährliche Bedarf an neuen Lehrlingen fast immer gedeckt werden. In diesen Jahren bildete die Konsumgenossenschaft Köln knapp 500 weibliche und männliche Verkaufslehrlinge aus.

Die ersten 100 Mill. DM Umsatz werden erreicht

Der seit einigen Jahren zu beobachtende Trend des Lebensmittel-Einzelhandels, sich in sogenannten „Freiwilligen Ketten" zwecks Verbesserung der eigenen wirtschaftlichen Lage zusammenzuschließen, bringt den Konsumgenossenschaften zusätzliche ernste Konkurrenz. Dabei dienten für diese Zusammenschlüsse die Konsumgenossenschaften als Vorbilder, jedoch mit umgekehrten Ergebnissen. Während die Konsumgenossenschaften die Hauswirtschaft ihrer Mitglieder förderten, sicherte dieser Zusammenschluss den Einzelhändlern einen höheren Ertrag. Dies geschah durch die alten genossenschaftlichen Erfolgsrezepte wie Großeinkauf, Eigenproduktion, gemeinsame Werbung u. a. im Jahre 1959 waren rund 130.000 Einzelhändler in freiwilligen Ketten und Einkaufsgenossenschaften wie Edeka (Einkaufsgenossenschaft deutscher Kaufleute), Rewe (Rheinisch-Westfälische Einkaufsgenossenschaft), Spar u. a. zusammengeschlossen. Andererseits brauchten sich die Konsumgenossenschaften nicht mehr ihre Stellung in der Wirtschaft mühsam und neu zu erkämpfen wie in ihren Anfangsjahren, sie mussten sich jetzt behaupten und weiterentwickeln. Sie waren eine Selbstverständlichkeit im Lebensmitteleinzelhandel geworden und vertraten die Sache des Verbrauchers schlechthin. So ist es der Konsumgenossenschaft Köln im Jahre 1959 gelungen, erstmals die ansehnliche Höhe von 100 Millionen DM Umsatz zu überschreiten.

Verbrauchermärkte – der Absatztyp der Zukunft

Die Genossenschaft eröffnete am 10. November 1960 ihren ersten Großraumladen am Sitz der Zentrale in Köln-Buchforst. Aus der Erkenntnis heraus, dass nur der großräumige Selbstbedienungsladen geeignet ist, ein breites und tiefes Sortiment den Verbrauchern zu präsentieren, wurde der Weg zu großräumigen Märkten beschritten. Den Großraumladen nannte man „Verbrauchermarkt" und firmierte mit einem riesigen „V". Dieser „V-Markt" war mit allen technischen Errungenschaften moderner Einkaufsstätten ausgestattet und eine große Leistung der eigenen Bauabteilung. Die Marktverhältnisse und die Wettbewerbsbedingungen verlangten von den Verantwortlichen der Konsumgenossenschaft Köln nach immer neuen und vertretbaren Wegen zur Umsatzausweitung zu suchen. Hierzu zählten im Wesentlichen:

- vorsichtige Finanzgebarung

- Verbesserung der Warenumschlagshäufigkeit

- Erschließung von Umsatzreserven

- Ausbau des Verkaufsstellennetzes

- Verbesserung und Modernisierung
  der vorhandenen Verkaufsstellen

- Nutzbarmachung von Mechanisierung
  und Rationalisierung

Die Veränderungen der Verbrauchsgewohnheiten, die Forderung nach höheren Qualitäten und der Zug zum Großraumladen gingen eben nicht an den genossenschaftlichen Einrichtungen und Methoden spurlos vorüber. Für die Genossenschaft hätte es eine gefährliche Unterlassung bedeutet, wenn diesen Erscheinungen in der Wirtschaft tatenlos zugesehen worden wäre. Die Zukunft sollte dies bestätigen! Die Modernisierung und Vergrößerung der Läden und die günstige Preisstellung bewirkten, dass immer mehr Nichtmitglieder in den Läden einkauften. Man stand daher vor der Frage, ob diesen Kunden die 3% Rabatt vorenthalten werden sollten, die sie beim Einkauf in einem Einzelhandelsgeschäft bekämen. Um Umsatzverluste zu vermeiden, wurde beschlossen, auch auf diese Käufe einen Rabatt von 3% zu gewähren. Um jedoch für die Mitgliedschaft in der Genossenschaft einen anderen Anreiz zu schaffen, wurde erstmalig eine Dividende in Höhe von 6 % auf die eingezahlten Geschäftsguthaben gezahlt. Mitglieder und Kunden erhielten aufgrund dieser neuen Maßnahmen nunmehr beim Einkauf in den Läden ein „Umsatzmarken-Sparbuch" und eine „Sparkarte". Hierin wurden Umsatzmarken im Werte von DM 1.- und DM -.20 eingeklebt. Damit wurden die bisherigen Kassenzettel bzw. Kassenbons abgelöst.

60 Jahre Dienst am Verbraucher

Das Jahr des 60-jährigen Bestehens der Konsumgenossenschaft Köln war gekennzeichnet durch den mutigen Schritt, als erste Genossenschaft der Bundesrepublik 3 % Rabatt an jedermann zu zahlen und eine Kapitaldividende an die Mitglieder in Höhe von 6 % auszuschütten. Dies war ein zielbewusster Weg nach vorne, der damit weit über den alten Versorgungsgedanken der Konsumgenossenschaften hinausging. Es war das rechtzeitige Erkennen, dass die Genossenschaften in dieser gewandelten Zeit ihre Aufgaben alten Stils nicht mehr ausüben konnten. Das begehrte Ziel, die Traumgrenze von 100.000 Mitgliedern zu überschreiten, konnte nicht erreicht werden. Ende 1961 waren 99.867 Mitglieder registriert. Dies war der höchste Mitgliederstand während der 25 Jahre selbständiger Konsumgenossenschaft nach dem Kriege. Im Jubiläumsjahre wurde auch der erste Schritt getan, um durch den Einsatz moderner technischer Hilfsmittel eine Kostensenkung herbeizuführen und eine Fülle manueller Arbeiten der Verwaltung und vor allem der Verkaufsstellen zu mechanisieren.

- Die Warenbestellungen der Läden wurden vereinfacht,

- die Rüstung im Lager zweckmäßiger gestaltet,

- die Bestelleinheiten wurden den Erfordernissen nach geändert,

- die Lieferscheine und Belastungen wurden automatisch geschrieben,

kurz, der gesamte Arbeitsablauf wurde durch die Einführung des „Lochkartenverfahrens" rationalisiert. Aus diesen Anfängen der Mechanisierung entwickelte sich später das Rechenzentrum mit der umfangreichen elektronischen Datenverarbeitung (EDV).

In diesem Jahr fanden die schon zur guten Gewohnheit gewordenen großen Zeltveranstaltungen innerhalb der Verbraucherwochen aus räumlichen Gründen letztmalig statt. In 25 Großveranstaltungen konnten wiederum rund 20.000 Gäste in der Zeltstadt in Köln-Buchheim begrüßt werden. Wesentliche personelle Veränderungen in der Spitze der Konsumgenossenschaft Köln traten ein. Am 23. Juni 1961 wurde das Vorstandsmitglied Wilhelm Janssen von der GEG-Gesellschafterversammlung zum Geschäftsführer der Großeinkaufsgesellschaft deutscher Konsumgenossenschaften in Hamburg gewählt. Ihm wurde die Leitung des technischen Ressorts für die 34 GEG-Betriebe und des Verkehrswesens übertragen. Der Vorsitzende des Aufsichtsrates, Bernhard Deutz, stellte am 30. November 1961 sein Amt aus gesundheitlichen Gründen zur Verfügung. An seine Stelle wählte der Aufsichtsrat Peter Goertz, der vorher als Schriftführer des Aufsichtsrates fungierte. Den Vorsitz hatte er bis zur Regionalisierung im Jahre 1972 inne.

Die Eigenbetriebe - Stolz der Genossenschaft

Als vor 10 Jahren die Konsumgenossenschaft Köln begonnen hatte, systematisch die Mitglieder und Kunden mit heimischen und fremdländischen Erzeugnissen von Obst und Gemüse zu versorgen, war dies mit den eigens hierfür vorgesehenen Abteilungen in den Läden ein neuer Weg. Im Juni 1962 konnte festgestellt werden, dass der Monatsumsatz in dieser Warengruppe den Jahresumsatz von 1952 überstieg. Diese Entwicklung begann im „Obst und Gemüse-Behelfsheim" in der Marsfelder Straße in Köln-Raderberg und fand ihre Fortsetzung in einem modernen und geräumigen Lager an der Zentrale. Ähnlich erfolgreich arbeiteten die eigenen Produktionsstätten. Die Großbäckerei beteiligte sich regelmäßig an den Qualitätsprüfungen der Deutschen Landwirtschafts-Gesellschaft in Frankfurt. Im Jahre 1962 wurden alleine sechs verschiedene Erzeugnisse mit Preisen bedacht. Zwei Produkte erhielten das Prädikat „gut", die übrigen vier Erzeugnisse wurden mit „sehr gut" beurteilt und mit der „Silbernen Preismünze" ausgezeichnet.

Zu den modernen und fortschrittlich arbeitenden Maschinen in der Kaffeerösterei kam eine fotoelektronisch arbeitende Verlesemaschine. Diese erstaunlich sicher arbeitende Anlage brachte der Rösterei neben der Ausschaltung von Fehlerquellen beim Handverlesen des Kaffees bedeutende Einsparungen bei den Personal kosten. Die Weinkellerei mit ihren vollautomatischen Abfüllanlagen konnte in dieser Zeit bereits jährlich ca. 3 Millionen Flaschen zu 0,7 l. der verschiedensten Weine abfüllen, wobei ihre Kapazität noch nicht erreicht war. Die Umsatzerfolge waren natürlich auch auf die lang anhaltende Hochkonjunktur in der Bundesrepublik und den hohen Beschäftigungsgrad mit entsprechendem Einkommen der Masse der Bevölkerung zurückzuführen. Die Lebenshaltungskosten veränderten sich jeweils geringfügig nach oben und wurden nach dem Einkommen mittlerer Arbeitnehmerhaushalte errechnet. Der Index ergab sich aus den Lebenshaltungskosten im Jahre 1950 = 100. Er lag im Jahre 1962 etwa bei 127 Punkten.

Im privaten Handel machte ein neuer Absatztyp von sich reden: das Diskontgeschäft. Es waren Läden mit einfachster Ausstattung, beschränktem Warensortiment, ohne jeglichen Kundenservice und Verzicht auf Frischwaren und Einzelpreisauszeichnung. Die ersparten Kosten sollten durch dieses System an den Kunden weitergegeben werden. Ein neuer Typ in der Absatzwirtschaft war geboren, der Wettbewerb weiter verschärft! Die KG Köln verfügte zu dieser Zeit über

201 Verkaufsstellen, von denen 86 als Selbstbedienungsläden und 115 als Tempoläden betrieben wurden. In 29 Läden wurde Frischfleisch verkauft und in 152 Läden Frischmilch. Die Verkaufsfläche betrug insgesamt 15 642 m2. Neue Wege beschritt die Genossenschaft durch die jahrelange Übernahme der Premieren der Eisrevue „Holliday on Ice" zu günstigen Eintrittspreisen für ihre Mitglieder und durch die Einrichtung eines Reisedienstes nach Spanien. So konnten die Genossenschaftsmitglieder im Jahre 1962 einen 14-tägigen Spanienurlaub in einem mittelklassigen Hotel für DM 280.- buchen.

Durch das Ausscheiden von Wilhelm Janssen aus dem Vorstand der Genossenschaft war die Wahl eines neuen Vorstandsmitgliedes erforderlich geworden. Auf Vorschlag des Aufsichtsrates wählte die Vertreterversammlung Josef Schlack, Sohn des Gründers der früheren Konsumgenossenschaft „Eintracht", Peter Schlack, in den Vorstand der Genossenschaft. Josef Schlack war zuvor Vorstand in der Konsumgenossenschaft Bocholt.

Der erste Umsatzrückgang

Die Situation im Lebensmitteleinzelhandel spitzte sich immer mehr durch Konkurrenzkampf und Strukturwandel zu. Die Umstellungen vom traditionellen Lebensmittelladen zum Großraum- und Selbstbedienungsladen war in vollem Gange. Das Problem wurde je nach Finanzkraft mit unterschiedlichem Tempo angefasst. Die Konsumgenossenschaft Köln musste 1963 erstmalig seit ihrem Bestehen einen Umsatzrückgang gegenüber dem Vorjahre hinnehmen. Wenn dieser auch nur bei 2,2% lag, so gab er doch Anlass, nach den Gründen hierfür zu forschen. Der Wettbewerb aller Formen des Lebensmitteleinzelhandels in Größe und Ausstattung der Läden fand natürliche Grenzen in einer vertretbaren Investitionspolitik. Darüber hinaus war die Situation am Baumarkt und übertriebener Formalismus bei den Baugenehmigungsverfahren ein starkes Hemmnis bei der Ausweitung des Ladennetzes. Gleichzeitig war die Genossenschaft gezwungen, aus

Rentabilitäts- und Rationalisierungsgründen die kleineren Läden zu schließen. Dies führte dazu, dass am 31.12.1963 die Anzahl der Läden wieder auf genau 200 geschrumpft war. Die zunehmenden Umsätze in den SB-Läden und die immer geringer werdenden Umsätze in den noch über 100 Tempoläden zeigten genau die Richtung an, in die das Unternehmen zielstrebig gehen musste. Von der Rentabilitätsseite her gesehen, konnte das Ergebnis des Jahres 1963 jedoch befriedigen. Der Ertrag lag in der Höhe des Vorjahres. Mit Ablauf des Jahres 1963 beendete der Vorsitzende des Vorstandes, Jakob Klasen, aus gesundheitlichen Gründen vorzeitig seine berufliche Tätigkeit. Seit 1953 war sein Name mit der Konsumgenossenschaft Köln eng verbunden. Von seinen Vorstandskollegen zum Vorsitzenden gewählt, unterstanden ihm die Ressorts Organisations- und Rechtsfragen und Planung und Einrichtung von neuen Läden. Ihm unterstanden ferner das Sekretariat, die Personalabteilung, der Fuhrpark und die Handwerksbetriebe.

Neben seinen Verdiensten um die Entwicklung der KG Köln in seiner zehnjährigen Tätigkeit als Vorstandsmitglied, wurde auch seine Mitarbeit in vielen wirtschaftlichen Gremien und konsumgenossenschaftlichen Institutionen geschätzt. Das nachfolgende Jahr 1964 stand ganz im Zeichen einer ausgeprägten expansiven, wirtschaftlichen Entwicklung. Die Wachstumsrate des Bruttosozialproduktes betrug nominell 9,6%. Die Lohn- und Gehaltssteigerungen lagen ebenfalls bei 9,6%. Allgemein setzte sich der Trend zur Schaffung größerer und wirtschaftlicherer Läden fort. Erstmalig lag die Zahl der SB-Läden höher als die der T-Läden. Durch weitere Großraumläden wurde der Marktanteil erweitert mit dem Ergebnis einer 6,69%igen Umsatzausweitung gegenüber 1963. Das geschäftsführende Vorstandsmitglied Robert Bergmann starb unerwartet am 2.10.1964 im Alter von nur 60 Jahren. Ihm unterstanden der Einkauf und das Zentrallager, sowie die Eigenbetriebe Bäckerei und Konditorei, Kaffeerösterei und Weinkellerei. Die Rationalisierung der Produktionsbetriebe, insbesondere der Großbäckerei, lag ihm besonders am Herzen. Die vorbildlichen Einrichtungen und die gute Entwicklung dieser Betriebe waren ihm zu verdanken.

Eklöh brachte die ersten Supermärkte

Im Zuge der Übernahme des Lebensmittel-Filialisten „Eklöh" durch den Zentralverband deutscher Konsumgenossenschaften übernahm die KG Köln die in ihrem Ausbreitungsgebiet liegenden Supermärkte einschließlich der Zentrale des Unternehmens, der „Rheinlandhalle" in Köln-Ehrenfeld. Es handelte sich hierbei um fünf Supermärkte im Stadtgebiet Köln, wovon die „Rheinlandhalle" mit rund 2.000 m2 Verkaufsfläche der Größte war, sowie ein weiterer Supermarkt in Bonn, Wenzelgasse. Durch den ebenfalls übernommenen Fleischereibetrieb in der „Rheinlandhalle", konnte der zwischenzeitlich in der Huhnsgasse in Köln befindliche Betrieb der KG Köln nach Köln-Ehrenfeld verlagert werden. Diese Konzentration wirkte sich naturgemäß außerordentlich gut aus.

Mit der Übernahme der Mitarbeiterinnen und Mitarbeiter der Supermärkte und der Fleischerei erreichte die KG Köln den höchsten Beschäftigungsstand mit 2.323 Personen. Hiervon arbeiteten 604 in den zentralen Stellen und 1.719 im Verkauf. Die Betreuung dieser großen Mitarbeiterschaft stellte an sich schon eine weitere betriebliche Aufgabe dar. Der verhältnismäßig starke persönliche und schriftliche Verkehr mit den Betriebsangehörigen, die Beratungen in persönlichen Angelegenheiten, die sich aus betrieblichen und außerbetrieblichen Anlässen ergaben, sowie aus arbeits- und tarifrechtlichen Fragen, brachten immer eine Fülle von Problemen im menschlichen Bereich mit sich. Hierzu kam in diesen Jahren eine Verwaltungsarbeit in der Personalabteilung, die aufgrund der außergewöhnlichen Fluktuationen ständig an Umfang zunahm. Im Hinblick auf Größe, Umfang und Auftrag der Genossenschaft war daher eine festumrissen Personalpolitik unumgänglich. Wegen der allgemeinen Schwierigkeiten auf dem Arbeitsmarkt war man besonders stolz auf eine gute und zuverlässige Stamm-Mitarbeiterschaft. Dies drückte sich auch in einer großen Anzahl tätiger Arbeitsjubilare aus. Diese Mitarbeiter hatten erkannt, dass sie bei guten Arbeitsbedingungen von vielfältigen sozialen Maßnahmen profitierten, die es lohnten, hierauf eine langjährige Betriebszugehörigkeit aufzubauen.

Der reichhaltige Katalog freiwilliger Sozial- und Sonderleistungen umfasste u. a.:

- Pensionskasse der Konsumgenossenschaften
  eine zusätzliche Altersversorgung mit einer Beitragsleistung von 5% des Betriebs und 3% des Mitarbeiters;

- Betriebs-Unterstützungskasse (BUK)

- Barleistungen für Pensionäre nach Dienstjahren, mit einem Zuschuss

- bis zu 75% des letzten Brutto-Einkommens;

- Betriebliche Sterbekasse

- im Sterbefalle erhielten die Angehörigen einen Betrag von DM 500.-;

- Jubiläumszuwendungen, Urlaubs- und Weihnachtsgeld, Kindergeld und Personalrabatt kamen hinzu.

Nachdem im Jahre 1964 nur zwei Vorstandsmitglieder die Geschäfte der Genossenschaft geführt hatten, war die Nominierung zweier weiterer Vorstandsmitglieder notwendig geworden. Auf Vorschlag des Aufsichtsrates wurden durch die Vertreterversammlung der bisherige Leiter des Rechnungswesens, Adolf Faust, sowie der Leiter der Schule der Konsumgenossenschaften in Hamburg-Sasel, Dr. Theo Voßschmidt, zu Vorstandsmitgliedern gewählt. Sie nahmen ihre Tätigkeit am 01.01.1965 auf.

Negative Mitgliederentwicklung

Seit Jahren war eine rückläufige Entwicklung des Mitgliederbestandes zu beklagen. Unter den vorhandenen Bedingungen gelang es nicht, das Mitgliederfundament zu halten oder gar zu verbreitern. Zu diesem Ergebnis kam auch ein Arbeitskreis, der sich ausgiebig mit der

Frage befasst hatte, auf welche Weise die Mitgliedschaft, das tragende Fundament einer jeden Genossenschaft, wieder wirklich attraktiv gestaltet werden könnte. Die eingehende Prüfung aller Aspekte dieser so wichtigen genossenschaftlichen Grundsatzfrage ergab, dass die entscheidende Voraussetzung für eine nachhaltige Reaktivierung des Mitgliedschaftsgedankens die Beseitigung der seit 1954 bestehenden Rückvergütungsbeschränkung ist, zumal auch aus wirtschaftlichen Gründen die Zahlung einer Anteildividende an die Mitglieder nach zwei Jahren eingestellt wurde. Hier zeichnete sich schon die wichtige Frage ab, ob unter den gegebenen Umständen und Entwicklungen in der Wirtschaft die Mitgliedschaft in einer Konsumgenossenschaft noch sinnvoll ist!

Aus dem Gedanken heraus, dass in dieser Zeit keine speziellen Vorteile als Gegenleistung für die Mitgliedschaft und die daraus resultierenden Verpflichtungen (u. a. eine Haftsumme in gleicher Höhe wie der Geschäftsanteil) gewährt werden konnten, erhielt die Mitglieder- und Öffentlichkeitsarbeit besondere Bedeutung. Die Kontaktpflege mit den Mitgliedern war ein wichtiges Anliegen. Diesem Zweck diente ein Informationsdienst und vor allem Mitgliederversammlungen in den einzelnen Verkaufsstellenbezirken, in denen Entwicklung und Probleme der Genossenschaft wie auch verbraucherpolitische Fragen erörtert wurden. Über 50.000 Exemplare des genossenschaftlichen Presseorgans „Verbraucher-Zeitung" wurden in den Läden kostenlos verteilt. In ihr wurde regelmäßig über aktuelle Geschehnisse in der Genossenschaft berichtet. Einen besonders großen Kreis von Mitgliedern und Kunden erreichte die KG Köln immer wieder durch ihre Großveranstaltungen. Außer den alljährlichen „Verbraucherwochen" fanden andere Zusammenkünfte großen Anklang:

- Hausfrauennachmittage im großen Saal an der Zentrale;

- Besichtigungen von GEG-Produktionsstätten;

- Modenschauen mit eigenen Mitarbeiterinnen;

- Ausflugsfahrten in landschaftlich schöne Gebiete;

- Bunte Abende in einzelnen Orten des Ausbreitungsgebietes.

Zu diesen Veranstaltungen erschienen jährlich jeweils zwischen 10.000 und 30.000 Besucher. Interessant war die Veränderung der sozialen Struktur der Mitglieder der Genossenschaft. Ein Vergleich 1956 – 1966 ergab folgendes Bild:

	1956 in %	1966 in %
Arbeiter	56,5 %	48,2 %
Angestellte, Beamte	38,3 %	43,4 %
freie Berufe	5,2 %	8,4 %

Gründung der Unternehmensgruppe co op

Das Jahr 1967 brachte der deutschen Konsumgenossenschaftsbewegung entscheidende organisatorische Veränderungen. Im Juni 1967 wurde im Ausbreitungsgebiet der Konsumgenossenschaft Köln, und zwar in der Beethovenhalle in Bonn, der Bund deutscher Konsumgenossenschaften (BdK) gegründet. Gleichzeitig wurden alle konsumgenossenschaftlichen Einrichtungen in der Unternehmensgruppe „co op" zusammengefasst. „Co op", eine Abkürzung des Wortes „Cooperation", wurde als Firmensymbol eingeführt und umfasste neben den deutschen Konsumgenossenschaften als Einzelhandelsbetriebe, ihre Wirtschaftszentrale (GEG) als Produktionsstätten, sowie die Mitglieder als Verbraucher. Der nicht mehr zeitgemäße Firmenname „Konsum" musste nun dem internationalen Firmenzeichen "co op" weichen. Neue Wege der Zusammenarbeit sollten den Unternehmungen eine wirtschaftliche Verbesserung bringen, was u. a. durch Konzentration der einzelnen Ausbreitungsgebiete der Genossenschaften erfolgte. Ein neues Zeitalter hatte für viele noch in alter Tradition verhafteter Konsumgenossenschaften begonnen!

Die Zentrale mit dem Zeichen der co op-Gruppe

Diese organisatorischen Veränderungen und vor allem auch die neuen modernen Vertriebsmethoden der letzten Jahre stellten das Verkaufspersonal immer wieder vor neue Probleme. Seit Jahren wurde es daher als wichtige Aufgabe angesehen, die Mitarbeiterinnen und Mitarbeiter im Verkauf mit dem geistigen Rüstzeug sowie mit den Praktiken und Fertigkeiten moderner Vertriebsformen vertraut zu machen. Um dies zu erreichen, stand die außerordentlich aktive und erfolgreiche Aus- und Fortbildungsabteilung zur Verfügung, die nicht selten richtungsweisende Ideen verwirklichte und Neuerungen einführte. Naturgemäß lag der Schwerpunkt der Ausbildungsarbeit in der zusätzlichen praktischen und theoretischen Schulung des Nachwuchses, vor allem der Lehrlinge. Mit dem Aufwand an Personen, Räumen, Zeit und Ausbildungsmaterial ging die KG Köln weit über ihre Ausbildungsverpflichtungen gemäß Lehrvertrag hinaus; sie war eine Sonderleistung den Mitarbeitern gegenüber. Dies war wahrscheinlich ein wesentlicher Grund dafür, dass die Genossenschaft immer über genügend eigenen Nachwuchs verfügen konnte, ein deutliches Zeichen dafür, dass die berufssuchende Jugend Lehrfirmen vorzog, deren erstes Ziel die fach- und sachgerechte Ausbildung und berufliche Erziehung war. Die Aus- und Fortbildung umfasste praktisch alle Funktionen des Ladenbereichs, vom Ladenleiter über die Kassiererin bis zum Verkaufslehrling. Es war dabei auch nicht verwunderlich, dass die alljährlichen Ergebnisse der Lehrabschlussprüfungen hervorragend waren. Dies bezog sich sowohl auf die geringen Versagerquoten als auch auf die Prädikatserteilungen. Nicht selten erhielten Auszubildende der Genossenschaft wertvolle Geld- und Buchprämien seitens der Industrie- und Handelskammern für ihre überdurchschnittlichen Leistungen. So war die Konsumgenossenschaft Köln nicht nur ein bedeutendes Wirtschaftsunternehmen, sondern auch eine erfolgreiche und anerkannte Lehrfirma!

Das größte Kölner vaterstädtische Fest und die berühmte fünfte Jahreszeit der Kölner hinterließ auch eindeutige Spuren im Geschäftsleben des co op-Unternehmens.

Als Herrscher über alle Narren regierte das Vorstandsmitglied Josef Schlack als Prinz Jupp V. in der Karnevals-Session 1966/67.

Das größte vaterstädtische Fest der Kölner hinterlässt auch bei der Konsumgenossenschaft seine Spuren

Auf neuen Wegen

Während auf Bundesebene in den wichtigsten unternehmenspolitischen Bereichen, wie:

- Planungen des Lager- und Ladennetzes in der Sortiments gestaltung und Werbung
- in der Weiterbildung der co op Mitarbeiter
- und der Betreuung der co op Mitglieder

begonnen wurde, die Weichen für die Zukunft zustellen, musste sich die Konsumgenossenschaft Köln den veränderten Situationen sowohl in der genossenschaftlichen Organisation als auch am Absatzmarkt stellen. Das Jahr 1968 brachte zusätzlich der deutschen Wirtschaft die Umstellung von der Umsatzsteuer auf die wettbewerbsneutrale Mehrwertsteuer. Dies war ein außerordentlich komplizierter Vorgang: jeder einzelne Artikel des etwa 4.000 Artikel umfassenden Warensortimentes musste neu kalkuliert werden. Danach erfolgten sowohl Preissenkungen als auch Preiserhöhungen. Ein herausragendes Ereignis war die Eröffnung des ersten „plaza SB-Warenhauses" am 8. Oktober 1968 in Köln-Port, das als erstes Haus diese Art innerhalb der konsumgenossenschaftlichen Unternehmensgruppe einen neuen, fortschrittlichen Weg in der Entwicklung des Einzelhandels aufzeigte. Das SB-Warenhaus war eine Tochter der KG Köln mit dem Namen „plaza SB-Warenhausgesellschaft m.b.H.". Der Umsatz verblieb in dieser Gesellschaft. Die Lebensmittel wurden ausschließlich über die KG Köln bezogen, die diese als Großhandelsgeschäft auswies. Die Anziehungskraft und die Entwicklung dieses Hauses waren außerordentlich gut und führten später zur Schaffung weiterer SB-Warenhäuser im Bundesgebiet durch die „plaza-Gesellschaft". Das SB-Warenhaus setzte die KG Köln aufgrund seiner spezifischen Konzeption in die Tage, ein wettbewerbliches Gegengewicht gegenüber den Discountern und Verbrauchermärkten zu bilden. Es gab ihr außerdem die Möglichkeit, sich in stärkerem Maße auf dem Gebiete der Nichtlebensmittel (non food) und Dienstleistungen zu engagieren. Auf einer Verkaufsfläche von 10.500 m2 -das waren mehr als 40% der gesamten Verkaufsfläche des Ladennetzes der damaligen KG Köln- wurde ein Sortiment von ca. 40.000 Artikeln abgeboten, und zwar zu Preisen, die zwischen 8 - 10 % unter dem üblichen Preisniveau lagen. Neue Wege bezogen sich auch auf die allgemeinen Konzentrationsbestrebungen, indem einige Läden der Konsumgenossenschaft Euskirchen übernommen wurden. In der Nachwuchsfrage brachte das Jahr 1968 insofern eine entscheidende Änderung, als eine Stufenausbildung im Handel eingeführt wurde. Hierdurch war sowohl eine zweijährige Vollausbildung als VerkäuferIn als auch eine weitergehende Ausbildung zum „Einzelhandelskaufmann" in dreijähriger Lehre vorgesehen. In der Aus- und Fortbildung machte man sich mehr und mehr die Erkenntnisse der modernen beruflichen Pädagogik zunutze durch die Einführung neuer Unterrichtshilfsmittel, wie: Tonbild-Training, programmierte Informationen und eigene Ausbildungs-Rahmenpläne aufgrund der Einführung neuer Berufsbilder.

Es wurde ein Berufsbildungspass für die Mitarbeiter geschaffen, in dem die Teilnahme an betrieblichen und zentralen Bildungsveranstaltungen bescheinigt wurde.

co op Köln im erweiterten Ausbreitungsgebiet

Zwei Ereignisse im Jahre 1969 waren mitbestimmend für die zukünftige Entwicklung der KG Köln: die Umfirmierung auf „co op" und die Übernahme der ehemaligen Konsumgenossenschaft „Mittelrhein" mit Sitz in Koblenz.

co op war nunmehr das einheitliche Symbol für alle Aktivitäten nicht nur der konsumgenossenschaftlichen Unternehmensgruppe im Bundesgebiet, sondern auch in vielen anderen europäischen Ländern. Alle Läden wurden durch Lichtbänder mit dem co op-Zeichen gekennzeichnet. Durch eine breit angelegte überregionale Werbung konnte das erste Ziel, nämlich das co op-Symbol unter der Bevölkerung bekannt zu machen, in kürzester Zeit weitgehend erreicht werden. Zur Erreichung des zweiten und wichtigsten Zieles, co op als Leistungs- und Fortschrittswillens der Unternehmensgruppe zu einem von den Verbrauchern anerkannten „Gütebegriff" zu entwickeln, bedurfte es noch erheblicher Anstrengungen. Die Einbeziehung von 11 Läden der KG „Mittelrhein" führte zu einer starken Ausdehnung des Ausbreitungsgebietes nach Süden. Diese Fusion brachte auch ihre eigenen Probleme mit sich: große Entfernung von der Zentrale Köln-Buchforst, geringe Dichte des Ladennetzes, Umstellungen und Anpassungen verschiedener Art und dadurch auch kostenmäßige Belastungen. Neben den allgemeinen betriebswirtschaftlichen und vertrieblichen Problemen musste man sich auch immer mehr den personalwirtschaftlichen zuwenden, zumal sich die Personallage im Einzelhandel, und hier insbesondere in der Lebensmittelbranche, in bisher nicht gekannter Weise zuspitzte. Hervorgerufen wurde diese Situation durch den großen Bedarf an Arbeitskräften in der gesamten Wirtschaft und der Tatsache, dass hier im allgemeinen bessere Arbeitsbedingungen - vor allem im Hinblick auf die Verteilung der Arbeitszeit - zu finden waren. Lange, ungenutzte Mittagspausen, später Arbeitsschluss und die Samstagsarbeit veranlassten immer mehr MitarbeiterInnen, sich aus dem großen Angebot offener Stellen die ihren Vorstellungen entsprechenden herauszusuchen.

Das Jahr 1969 brachte einen Rückgang von Lehrstellenbewerbern von fast 50 %. Die Gründe lagen einmal in der ungewöhnlichen Aufnahmebereitschaft der gesamten Wirtschaft und zum anderen auch in der Tatsache, dass immer mehr junge Menschen weiterführende Schulen besuchten. Von den ehemals fast 500 Lehrlingen der Genossenschaft wurde zu diesem Zeitpunkt nur noch etwa die Hälfte ausgebildet. Eine neue Personalbedarfs- und -beschaffungsplanung wurde eingeführt. Sie sollte dazu beitragen, den Bedarf an Mitarbeitern, insbesondere an Führungskräften, langfristig zu ermitteln und hierdurch -entsprechend der Arbeitsmarktlage und durch Maßnahmen systematischer Fortbildung- rechtzeitig zu steuern. Die Einführung des „cooperativen Führungsstils" brachte jedem Mitarbeiter seinen klar umgrenzten Aufgabenbereich, räumte ihm entsprechende Befugnisse ein, machte ihn aber auch für seinen Aufgabenbereich verantwortlich. Diese sogenannte „Führung im Mitarbeiterverhältnis" war eine wesentliche Voraussetzung für die Bewältigung der Aufgaben späterer Jahre und eine Anpassung an die Realitäten personalwirtschaftlicher Probleme der Zeit!

Neue Läden wie vom Fließband

Ein gewaltiger Schritt vorwärts in der systematisch betriebenen Umstrukturierung des Ladennetzes gelang im Jahre 1970. Mit großem Kostenaufwand wurden moderne und einladende Großraumläden und Supermärkte von den Architekten der eigenen technischen Abteilung im Rekordtempo verwirklicht. Mit dieser Leistung konnte die Modernisierung des traditionell gewachsenen Ladennetzes wie in keinem Jahr zuvor vorangetrieben werden. Damit war ein entscheidender Durchbruch gelungen, co op Köln als modernes Unternehmen zu präsentieren und die Verbrauchermeinung nachhaltig in diesem günstigen Sinne zu aktivieren. Ein neues Eröffnungsprogramm informierte und warb für den noch unbekannten Einkaufsschwerpunkt in aufwendiger Weise. Möglichst viele Verbraucher mussten auf den neuen Einkaufsweg und die oft anders geartete Möglichkeit des Einkaufs hingewiesen werden. Durch den Einsatz unterschiedlicher Werbemaßnahmen wurde die Aufmerksamkeit der Verbraucher auf den neueröffneten Supermarkt gelenkt. Aufgrund aktueller Tageserörterungen berichteten Funk und Fernsehen (Themen: „Pro und Kontra Rabatt" und „Vom Konsum zu co op") über co op Köln. Zwei Supermärkte wurden Schauplatz von Filmszenen.

Die gute Umsatzentwicklung der Genossenschaft war stets mit einer intensiven und zeitgemäßen Warenwerbung verbunden. Aus primitivsten Anfängen heraus hatte sich im Laufe der Jahre eine eigene, leistungsstarke Werbeabteilung entwickelt, die immer mehr Bedeutung erlangte. Der ständige Ausbau dieser Abteilung führte zu einer technisch gut ausgerüsteten Hausdruckerei, die neben der Fertigstellung von Drucksachen alle grafischen und reproduktionstechnischen Arbeiten ausführte. Eine große und moderne Siebdruckanlage für Großplakate und −preisschilder kam nie zur Ruhe. Die Herstellung des Werbematerials für mitunter über 200 Läden mit jeweils mehreren Schaufenstern umfasste in großem Umfange Flugblätter, Fensterkleber, Inseratenstreifen, Großplakate und Preisschilder aller Art. Ein „Werbedienst" mit Arbeitsvorlagen erleichterte dem Ladenpersonal die werbliche Ausgestaltung der Verkaufsstellen. Besondere Aufmerksamkeit erforderte die Anzeigenwerbung in den Tageszeitungen des Ausbreitungsgebietes. In der Warenwerbung war eine ständige Anpassung und Umstellung der Werbemethoden entsprechend der jeweiligen Entwicklungen besonders erforderlich! Im Sommer 1970 wurde ein Auftrag an das bekannte Emnid-Institut vergeben, in dem „das Vorstellungsbild in Bezug auf Lebensmittelgeschäfte unter Berücksichtigung der co op-Läden" untersucht wurde. Die Ergebnisse zeigten, dass zwar einerseits auf einigen Gebieten Verbesserungen erreicht werden mussten, dass jedoch andererseits co op Köln ein großes Vertrauenskapital in der Bevölkerung ihres Ausbreitungsgebietes besaß. Dies kam vor allem durch die Attribute „preiswert", „vertrauenswürdig", „bewährt" zum Ausdruck, die co op Köln von den Befragten zugeordnet wurden.

Der Vollständigkeit wegen muss erwähnt werden, dass im gleichen Jahr 18 Läden wegen Unwirtschaftlichkeit und zu geringer Verkaufsfläche geschlossen wurden. Gleichzeitig erhöhte sich aber die Gesamtfläche von 25 592 m2 auf 28 799 m2 = + 12,5%.

Die in diesem Jahre eröffneten neuen Läden wiesen eine durchschnittliche Verkaufsfläche von 344 m2 auf. Die geschlossenen Läden waren dagegen im Durchschnitt nur 65 m2 groß.

Auf dem Wege zu co op Rheinland

Das letzte Jahr von co op Köln brachte im gesamten Warengeschäft erfreuliche Ergebnisse. Qualität und Frische der Waren standen schon seit einigen Jahren als besonderer Akzent über allen vertrieblichen Aktivitäten. Die Umsatzsteigerung in den Läden betrug gegenüber 1970 10,7%. Das Ladennetz wurde weiter modernisiert und gewann immer mehr an Attraktivität. Fünf Supermärkte wurden neu eröffnet, während wiederum 13 Läden aus Gründen der Wirtschaftlichkeit geschlossen wurden. Die Mitglieder- und Öffentlichkeitsarbeit von co op Köln beschäftigte sich mit weiteren aktuellen verbraucherpolitischen Fragen wie „Rabatt oder Nettopreis" und holte sich Rat in fünfzig Läden von rund 10.000 Mitgliedern, die vorwiegend für Nettopreise votierten. Inzwischen waren weitere Dienstleistungen, zum Teil nur für Mitglieder, angeboten worden. Hierzu zählten u. a.:

- „Nur für Sie"-Mitgliederprogramm = für Überseeflüge,

- g-u-t-Reisen = günstige Ferienangebote,

- co op-Zertifikate = interessanter Immobilienfonds.

Für die Mitarbeiter bestand ein ansehnlicher Katalog freiwilliger sozialer Leistungen. Die 40-Stunden-Woche wurde eingeführt und für Beschäftigte der Zentralverwaltung die gleitende Arbeitszeit. Die 5-Tage-Woche war in fast allen Läden und Supermärkten bereits verwirklicht. Neben der eigenen umfangreichen Schulungsarbeit wurden Führungskräfte vom Substituten aufwärts in einem zeitlich festgelegten Rhythmus in den genossenschaftseigenen Seminaren in Hamburg-Sasel und Diessen am Ammersee geschult.

Bereits im Jahre 1970 zeichneten sich auch für co op Köln aufgrund der Konzentrationsbestrebungen Veränderungen ab. In Zusammenarbeit mit dem Bund deutscher Konsumgenossenschaften (BdK) und dem Revisionsverband deutscher Konsumgenossenschaften (RdK) wurde eine Verschmelzung mit den Konsumgenossenschaften Düsseldorf und „Berg-Mark" in Wuppertal eingehend untersucht. Neben den Beratungen des Vorstandes musste sich in entscheidendem Maße und satzungsgemäß der Aufsichtsrat der co op Köln mit der Frage einer Fusion und die damit verbundene Tragweite für Mitarbeiter, Organe, Mitglieder und das Unternehmen schlechthin befassen. Ausgehend von Entschließungen und Beschlüssen der Bundeskongresse in Berlin, Oberhausen und Wiesbaden zur Weiterentwicklung der Unternehmensgruppe co op wurde der Vertreterversammlung die Verschmelzung von co op Köln mit co op Düsseldorf und co op „Berg-Mark" Wuppertal empfohlen. Am 6. November 1971 beschloss die Vertreterversammlung von co op Köln die Fusion mit den beiden genannten Konsumgenossenschaften zur „ co op Rheinland" ab 1. Januar 1972.

Die Vertreterversammlung der co op Köln beschließt die Fusion mit den Genossen-
schaften in Düsseldorf und Wuppertal zur co op Rheinland

Als zentraler Sitz des neuen Unternehmens wurde die Zentrale von „Berg-Mark" in Wuppertal gewählt, die hierfür die räumlichen Voraussetzungen besaß. Zentrallager, Bäckerei und Konditorei sowie einige Abteilungen der Zentrale setzten ihre Arbeit zunächst noch am alten Platz fort. Erst im Laufe der nächsten Jahre endete endgültig jegliche Tätigkeit der ehemaligen co op Köln in der Zentrale Köln-Buchforst. Mit einer Bilanzsumme von fast 50 Millionen DM brachte co op Köln in den neuen Verbund „co op Rheinland" ein:

- 86.065 Mitgliederfamilien mit einem Geschäftsguthaben von DM 1.581.564.18;

- Ein Anlagevermögen von DM 23.102.369.-,

- Beteiligungen und Anlagewertpapiere von insgesamt DM 913.672.75;

- Ein Umlaufvermögen von 3.380.929,23 DM.

Der Beschäftigtenstand am 31.12.1971 betrug:

- im zentralen Bereich: 586 Personen

- in den Läden: 1.384 Personen

- Gesamt: 1.970 Personen

Hiervon standen 170 Jugendliche in der Lehrausbildung. Die Vertreterversammlung bestand aus 196 gewählten Mitgliedervertretern. Der Aufsichtsrat von co op Köln umfasste 10 Vertreter der Mitglieder und entsprechend den Bestimmungen des Betriebsverfassungsgesetzes 5 Arbeitnehmervertreter. Von dem vierköpfigen Vorstand wurden Josef Schlack und Dr. Theo Voßschmidt in den neuen Vorstand der co op Rheinland gewählt.

Die beiden Vorstandsmitglieder Heinz Jaeschke und Adolf Faust gingen in Pension.

Wie es weiter ging...

Aus der Erkenntnis, dass die Konsumgenossenschaften - auch wenn sie bereits in beachtliche Größenordnungen hineingewachsen sind - jede für sich noch zu schwach waren, die Chancen des Marktes voll zu nutzen und aus der Verantwortung gegenüber den Mitgliedern und Mitarbeitern, hatten auch die Organe-Vorstände, Aufsichtsräte und Vertreterversammlungen von co op Düsseldorf und co op „Berg-Mark" in Wuppertal unter Mitwirkung der Betriebsräte beschlossen, ab 1. Januar 1972 ein gemeinsames Unternehmen zu bilden, dass dann als co op Rheinland mit einem Umsatzvolumen von einer halben Milliarde DM 5.000 Mitarbeitern und 250.000 Mitgliedern zu den größten Handelsunternehmen des Raumes zwischen Düsseldorf und Koblenz, zwischen Hohenlimburg und Mayen gehörte. Das Ausbreitungsgebiet hatte eine Entfernung von Norden nach Süden von ca. 120 km und von Westen nach Osten von mehr als 60 km. Im Jahre 1975 gab es keine dezentrale Tätigkeit mehr, so dass alle Betriebsstellen und Abteilungen in der Zentrale Wuppertal vereinigt waren. Lediglich das „Personalwesen" unterhielt aus Zweckmäßigkeitsgründen noch zwei

Personal-Außenstellen in Düsseldorf und Köln. Die Zentralanlagen in Düsseldorf wurden verkauft und werden heute anderweitig genutzt. Die Zentrale in Köln-Buchforst wurde an eine Baugesellschaft veräußert, die sämtliche Gebäude niederriss und an deren Stelle Wohnblocks errichtete. Lediglich das ehemalige Verwaltungsgebäude blieb erhalten und dient ebenfalls Wohnzwecken.

Zu dieser Zeit besaß co op Rheinland

- 203 co op-Läden und –Supermärkte,

- 36 IN-Läden (nach dem Diskontprinzip),

- 8 COMET-Märkte (mit erweitertem Sortiment)

mit einer Gesamtverkaufsfläche von 82.234 m2. Zum Vorstand zählten von der co op Düsseldorf noch Werner Lützner und Josef Britschgi. Josef Schlack war inzwischen ausgeschieden. Dem Aufsichtsrat gehörten 18 Mitglieder an.

...und wie es heute ist

Im Rahmen der Neuordnung der co op Gruppe, die am 05.11.1974 mit der Gründung der co op-Zentrale AG mit Sitz in Frankfurt eingeleitet wurde, erfolgte eine weitere Konzentration durch die co op West AG. Sie setzte sich zusammen aus den co op-Unternehmen Essen-Duisburg, Rheinland und Gladbach-Rheydt. Die co op-Zentrale AG ist als Holding-Gesellschaft mit 51 % am Grundkapital beteiligt. Damit ist co op West AG ein Unternehmen des gemeinwirtschaftlichen co op Einzelhandelskonzerns. Die Bildung der Region WEST basiert auf folgenden Grundsätzen:

-   Zusammenfassung aller Aufgaben, die zentral rationeller und wirkungsvoller durchgeführt werden können als dezentral.

-   Sicherung eines Höchstmaßes an Marktnähe durch Bildung von Absatzgebieten, bei denen durch die Überschaubarkeit des Marktes eine optimale absatzwirtschaftliche Betreuung gewährleistet ist.

Es gibt drei Absatzgebiete: Nord, Mitte und Süd. Das frühere Ausbreitungsgebiet der Konsumgenossenschaft Köln entspricht in etwa dem Absatzgebiet Süd. Mit der Gründung der co op West AG wurde auch die Wahl eines Standortes für eine gemeinsame Zentrale notwendig. Hierfür wurden die Gebäude und das Gelände der ehemaligen Mülheimer Zentrale gewählt. In einer Rekordzeit von nur 10 Monaten entstand ein teilweiser Neubau, und es erfolgte ein völliger Umbau des Verwaltungstraktes. Dieser Neubau mit seiner originell gestalteten Fassade wird von den Mitarbeitern scherzhaft als „Lego-Dampfer" bezeichnet. Insgesamt stehen 13.600 m2 Nutzfläche an der neuen Zentrale zur Verfügung. Ein weiteres hochmodernes Zentrallager wurde in Frechen bei Köln errichtet. In der geschmackvoll gestalteten Empfangshalle in Mülheim/Ruhr fällt eine plastisch gestaltete Wand auf, die das typische co op-Quadrat in allen Größen darstellt. Die auf dem Gelände befindliche Fleischerei wurde bereits im September 1974 in Betrieb genommen. Die Nutzfläche beträgt hier 1.980 m2. Die co op WEST AG nahm offiziell am 01. Januar 1977 ihre Arbeit auf, wobei jedoch erst im Jahre 1978 die neugeschaffene Betriebs-Organisation voll zur Geltung kam.

Entwicklungsstationen
der Konsumgenossenschaft Köln

1946 Am 5. Mai 1946 Neugründung der Konsumgenossenschaft
      Köln eGmbH in der Aula der Universität

1947 Erste Phase des Wiederaufbaues der Zentrale
      Köln-Buchforst

1948 Nach der Währungsreform systematische Beseitigung
      der Kriegsschäden und Ausbau der Eigenbetriebe

1951 Die Bäckerei erhält den ersten modernen Gitterbandofen

1952 Eröffnung des ersten Selbstbedienungsladens

1953 - Der geschäftsführende Vorstand wird auf vier Personen
        erhöht
      - Umfangreiche Veränderungen in der Unternehmens-
        Organisation

1954 - Der Verkauf an jedermann wird am 19. Juni 1953
        durch Gesetz endgültig erlaubt
      - Gleichzeitig Beschränkung der Rückvergütung auf 3%.
        Die „Peter-Schlack-Stiftung" wird ins Leben gerufen

1955 - Erhebliche Erweiterung des Zentrallagers
      - Einführung des Kataloggeschäftes

1956 Im 10. Geschäftsjahr drittgrößte Genossenschaft
      in der Bundesrepublik

1957 Der Mitbegründer und erster Vorstandsvorsitzender
      Peter Schlack stirbt am 4. Februar 1957 im Alter
      von 82 Jahren

1958 Die Genossenschaft betreibt 200 Verkaufsstellen

1959 Der Umsatz überschreitet 100 Millionen DM

1960 Der erste „V"-Markt wird eröffnet

1961 Mit 99.867 Mitgliedern höchsten Stand erreicht.
Durchführung erster Maßnahmen für die spätere EDV

1962 Einrichtung eines Reisedienstes für Mitglieder

1964 Die Anzahl der SB-Läden übersteigt die der T-Läden

1965 - Übernahme von 6 Supermärkten der Fa. Eklöh einschließlich der Zentrale „Rheinlandhalle"
- Höchster Mitarbeiterstand mit 2323 Personen

1966 Durchführung eines umfangreichen Veranstaltungs-
programms für Mitglieder und Kunden

1967 Gründung der Unternehmensgruppe „co op"
und des Bundes deutscher Konsumgenossenschaften (BdK)

1968 Eröffnung des ersten „plaza"-SB-Warenhauses

1969 - Umfirmierung auf „co op"
- Übernahme der ehemaligen Konsumgenossenschaft
„Mittelrhein" in Koblenz

1970 - Rekordjahr für Neueröffnungen, Renovierungen
und Umstellungen von Läden
- Gleichzeitig Schließung von 18 unrentablen Läden

1971 Planungen und Vorbereitungen für „co op Rheinland

Die Konsumgenossenschaften unter Naziherrschaft

Von Ferdinand V i e t h

(Aus dem „Hamburger Echo" Nr. 50 vom 21. September 1946)

Der Nestor der Hamburger Genossenschaftsbewegung leuchtet im folgenden in den Korruptionssumpf der Nazis in den Hamburger Genossenschaften hinein, die von ihnen in schamlosester Weise ausgeplündert und heruntergewirtschaftet wurden.

Die Tragödie begann mit der Einsetzung des Gauinspekteurs Erich G r a h l seitens des Nazi-Senats als Staatskommissar bei der Großeinkaufs-Gesellschaft Deutscher Konsumvereine, kurz GEG genannt.

Im Anschluß daran wurde in sämtlichen Konsumgenossenschaften, Revisionsverbänden sowie in allen Betrieben der GEG ein Beauftragter der NSDAP eingesetzt, der nach kurzer Zeit die Stellung des Betriebsführers mit dem höchsten Gehalt einnahm. Vom Geschäft brauchten die Herren nichts zu verstehen. Ihre Aufgabe war, die „weltanschaulichen" Belange zu wahren, wozu nicht viel Gehirnschmalz gehörte.

Unter diesen Beauftragten befand sich eine ganze Galerie von notorischen Verbrechern und sonstigen zweifelhaften Elementen. Die anständigen darunter waren die bekannten Ausnahmen, die nur die Regel bestätigen.

In der GEG wurde der Mörder des kommunistischen Bürgerschaftsmitgliedes H e n n i n g s e n nach seiner Freilassung sofort als Personalchef eingesetzt, der nun in Verbindung mit Herrn G r a h l die Aufgabe hatte, viele Nazis bei der GEG in Stellung zu bringen. Viele der früheren Angestellten der GEG, die sich um deren Entwicklung verdient gemacht hatten, wurden entlassen.

Es wußte bis dahin noch niemand, ob die Konsumgenossenschaften aufgelöst oder bestehen bleiben sollten. Als Henry E v e r l i n g die erste Unterredung mit Dr. L e y hatte, erklärte dieser ihm folgendes:

„Der Führer hat mir den Auftrag gegeben, die Gewerkschaften und Konsumgenossenschaften zu vernichten. Ich habe die Gewerkschaften zerschlagen, jetzt kommen die Konsumgenossenschaften dran."

E v e r l i n g wies Dr. Ley und auch andere höhere Stellen auf die furchtbaren Folgen einer solchen Auflösung hin. Die Auflösung hätte bedeutet, daß über 3 Millionen Mitglieder ihren Geschäftsanteil, ihre Haftsumme und Spareinlagen verloren hätten, daß etwa 70 000 Arbeiter und Angestellte brotlos geworden wären und daß die Liquidierung des Grundbesitzes eine Katastrophe auf dem Grundstücksmarkt hervorgerufen hätte.

Diese Argumente haben gewirkt, und man hat die Konsumgenossenschaften zunächst bestehen lassen. Über das Weiterbestehen entstand aber ein ewiger Streit unter den führenden Leuten der NSDAP. So ging es bis zum Jahre 1941. In diesem Jahre wurde ein Gesetz erlassen, wonach die gesamten Konsumgenossenschaften und die Großeinkaufsgesellschaft Deutscher Konsumvereine in ein „Gemeinschaftswerk der Deutschen Arbeitsfront" umgewandelt wurden. Damit hatte man den Mitgliedern der Genossenschaften den gesamten Besitz gestohlen, dessen Sachwert über 400 Millionen betrug. Der Nutzungswert war aber doppelt so hoch.

Die Großeinkaufsgesellschaft Deutscher Konsumvereine wurde dabei in fast ein Dutzend Untergesellschaften aufgelöst, während die örtlichen Konsumgenossenschaften für den Kleinvertrieb in sogenannte bezirkliche „Versorgungsringe" umgewandelt wurden. An die Spitze all solcher Untergesellschaften wurden meistens Nazis mit sehr hohen Gehältern gestellt. So wurde zum Beispiel der Speditionsbetrieb der GEG in eine besondere Gesellschaft „Detege" umgewandelt. Zum Direktor der „Detege" wurde Joh. B o h n e , Bremen, mit einem Jahresgehalt von 3 6 0 0 0 RM zuzüglich 30 v. H. vom Reingewinn bestimmt. Dabei war Joh. Bohne in Gemeinschaft mit seinem Bruder Friedrich Bohne Inhaber der großen Speditionsfirma Bohne in Bremen.

Durch freundschaftliche Beziehungen zu leitenden Herren des „Gemeinschaftswerks" gelang es dieser Firma, daß ihr von einer ganzen Reihe von Konsumgenossenschaften bzw. „Versorgungsringen" die Spedition übertragen wurde. Den eigenen Fuhrpark mußten die betreffenden örtlichen Organisationen dafür abschaffen. B e i d i e s e m G e s c h ä f t i s t d i e F i r m a B o h n e i n B r e m e n s c h w e r r e i c h g e w o r d e n.

An die Spitze des Gemeinschaftswerks wurden nun Herren der Deutschen Arbeitsfront, wie S t r a u c h , G r o s c h e usw., gestellt. Der Sitz des Gemeinschaftswerks war zunächst in Hamburg, Beim Strohhause. Nach der Bombenkatastrophe im Juli 1943 wurde den Herren der Aufenthalt in Hamburg zu gefährlich, und sie verlegten den Sitz des Gemeinschaftswerks nach der Ordensburg Lobeda in Thüringen, wo sie ganz sicher saßen.

Vor 1933 propagierten die Nazis bekanntlich den Grundsatz, daß niemand — und wenn er auch Minister ist — mehr als 1000 RM monatlich verdienen darf, und damit hatten sie die vielen kleinen Geister in Deutschland zu sich herangezogen. Im Gemeinschaftswerk der Deutschen Arbeitsfront wurden aber folgende Gehälter gezahlt: S t r a u c h 54 000 R M jährlich und dazu erhebliche Zuwendungen von der Arbeitsfront, so daß das gesamte Einkommen auf über 70 000 R M geschätzt wurde, H e i m b a c h 54 000 R M , R e i n e r 48 000 R M und dazu eine einmalige Abfindung von 60 000 R M an Stelle der Pensionsbestimmungen in seinem Anstellungsvertrag. Herr Reiner erhielt während seiner Militärdienstzeit, wo er als Wehrwirtschaftsführer schon ein sehr hohes Einkommen hatte, von der GEG m o n a t l i c h 2 0 0 0 R M Familienunterstützung. E s s e n bekam 48 000 R M , N i e m a n n 4 2 0 0 0 R M , M a y e r 33 000 R M , und so geht es fort. Der Höchstbezahlte war der sogenannte Organisator S e y e r l e i n , der jährlich an Honorar und Spesen 80 000 bis 1 0 0 0 0 0 R M erhielt.

Zu diesen Gehältern kamen noch Leistungsprämien, Weihnachtsgratifikationen, Ferienabgeltung usw.

Um recht bald pensionsfähig zu werden, wurden mehreren der Herren fünf Jahre Zugehörigkeit zur NSDAP als Dienstzeit bei der GEG angerechnet. Ebenso erhielten die Herren eine dreijährige Kündigungszeit in ihrem Anstellungsvertrag zugesichert.

Bei der Umwandlung in das Gemeinschaftswerk 1941 wurde Herr G r a h l , der ehemalige Gauinspekteur und Staatskommissar bei der GEG, von Direktor G r o s c h e wegen Unfähigkeit entlassen. G r a h l erhielt nun drei Jahre lang sein Gehalt von 24 000 R M jährlich weitergezahlt, obgleich er wenige Tage nach seiner Entlassung beim Hamburger Wirtschaftsamt mit 8 0 0 R M monatlich angestellt wurde. Nach Ablauf der drei Jahre erhielt er noch eine Abfindung von 74 000 R M .

Während der zwölf Jahre Naziherrschaft sind bei der GEG, wie später auch beim Gemeinschaftswerk, sehr viele Herren als Direktor durchgelaufen. Es war ein ewiges Kommen und Gehen, und fast alle diese Herren haben bei ihrem Fortgang erhebliche Abfindungen bekommen, darunter auch ein Herr G., trotzdem ihm von seinen eigenen Parteigenossen außer Raubmord so ziemlich sämtliche Verbrechen vorgeworfen wurden.

Als nun 1945 die alliierten Truppen immer näherrückten, kamen die Herren Direktoren bei der „Produktion" und GEG, Otto B e c k e r , Paul S e n g e r und Hans M a y e r (Obersturmbannführer der SS und Inhaber der höchsten SS-Auszeichnung), auf den

teuflischen Plan, den ganzen genossenschaftlichen Besitz in Hamburg an ein kapitalistisches Konsortium, und zwar Philipp Reemtsma in Verbindung mit zwei anderen Gesellschaften, für 42 Millionen RM zu verscheuern.

Das Geschäft war fix und fertig, der Kaufvertrag war durch einen Hamburger Anwalt bis zur Unterschrift fertiggestellt, wofür dieser noch am 2. Mai 1945 einen Kostenvorschuß von 8 0 0 0 R M erhielt. Zu diesem Geschäft ist es aber nicht mehr gekommen, denn am 9. Mai 1945 haben wir bekanntlich auf eigene Faust die Herren Direktoren aus dem Hause Besenbinderhof 52, in dem sich die Kontore sowohl der GEG als auch der „Produktion" befanden, entfernt.

Besonders vermerkt werden muß noch, daß die Nazi-Direktoren der GEG, Herr R e i n e r und Herr V o g e l ,

dem Führer zu seinem 50. Geburtstag aus den Mitteln der Konsumgenossenschaften ein Geschenk in Höhe von 1 000 000 RM in bar machten. Der „selbstlose" Führer hat dieses Geschenk auch ruhig angenommen.

Jetzt sind wir damit beschäftigt, aus den Trümmern, die von unserer einmal so großen und stolzen Konsumgenossenschaftsbewegung nachgeblieben sind, ein neues Genossenschaftswerk zu errichten und dieses Werk auch wieder mit genossenschaftlichem Geist zu erfüllen.

Auerdruck GmbH., EP 36, Hamburg 1 - 838/500/9.46/Klasse A

R i c h t l i n i e n

für die Wiedererrichtung von

Konsum - Genossenschaften

herausgegeben
vom provisorischen Vorstand des geplanten
Zentralverbandes deutscher Konsum-Genossenschaften

in Hamburg (Besenbinderhof 52)

Im November 1945

Für die
wieder zu errichtende
Großeinkaufs-Gesellschaft
Deutscher Konsumgenossenschaften

gez.: E v e r l i n g

Für den
in Planung begriffenen
Zentralverband deutscher
Konsumgenossenschaften

gez.: R e m m e l e

R i c h t l i n i e n

für die Wiedererrichtung von
Konsum – Genossenschaften

a) <u>Einleitung</u>

Die Wiedererrichtung

   der Konsum-Genossenschaften,

   der Revisionsverbände,

   der Großeinkaufs-Gesellschaft Deutscher Konsumgenossenschaften

und des Zentralverbandes deutscher Konsumgenossenschaften

bedarf in allen vier Besatzungszonen der Genehmigung durch die
zuständige Militär-Regierung.

Dies vorausgeschickt, stellen wir, die von der vornazistischen
Konsumgenossenschaftsbewegung in Deutschland legitimierten und
von der Britischen Militär-Regierung in Hamburg anerkannten

Leiter der deutschen Konsumgenossenschaftsbewegung - Zentralverband und Großeinkaufs-Gesellschaft - folgende Richtlinien
auf:

I. Die zum Wiederaufbau der deutschen Konsumgenossenschaften
berufenen Personen tragen die Verantwortung dafür, daß
das autoritäre System des Gemeinschaftswerkes der Deutschen Arbeitsfront G.m.b.H. zur gegebenen Zeit beseitigt
wird und die deutschen Konsumgenossenschaften auf demo-
kratischer Grundlage von unten auf, getreu den Rochdaler
Prinzipien, wieder errichtet werden.

Der nachfolgenden Generation bleibt es vorbehalten, die
Organisation nach eigenen Erwägungen zu gestalten.

Die Demokratisierung der Genossenschaften ist die Voraussetzung für den Anschluß der deutschen Konsumgenossenschaftsbewegung an die genossenschaftliche Internationale.

b) **Wiedererrichtung der Konsumgenossenschaften**

II. Die Rückgabe der Vermögenswerte seitens des Gemeinschaftswerkes an die wieder errichteten Konsumgenossenschaften
mit dem Stamm ihrer alten Mitglieder erfolgt nach genossenschaftlichen Grundsätzen in der Weise, daß die von
den Kriegsfolgen verschont gebliebenen Filialbetriebe des
Gemeinschaftswerkes und deren Einrichtungen solidarisch
in gerechtem Umfange zugunsten der mehr oder weniger
kriegsbeschädigten Konsumgenossenschaften belastet werden, damit die Wiederaufnahme des Geschäftsbetriebes auch
diesen Konsumgenossenschaften von vornherein auf gesunder
Grundlage möglich ist.

III. Die Abgrenzung der Konsumgenossenschaften sollte nur nach
geographischen, verkehrstechnischen und Zweckmäßigkeits-
gründen erfolgen. Maßgebend darf in jedem Falle nur die
Erzielung des höchstmöglichen wirtschaftlichen Nutzeffektes

sein. Aus diesen Erwägungen sollte das Ausbreitungsgebiet einer Genossenschaft in der Regel nicht über 30 km, höchstens 40 km, von der Zentrale aus hinausgehen. Dabei sind alle Verhältnisse zu berücksichtigen, die es empfehlenswert erscheinen lassen, den Kreis noch enger zu ziehen, wenn in geringerer Entfernung Städte oder Wirtschaftsgebiete vorhanden sind, in welchen eine gesunde Genossenschaft von angemessener Größe – Umsatz etwa 1 Million RM – aufgebaut werden kann.

IV. In Großstädten bestehende Konsumgenossenschaften sollten grundsätzlich an das Stadtgebiet gebunden sein. Nur in ganz besonderen Fällen, z.B. bei Vorhandensein von Straßen erster Ordnung im flachen Gelände, könnte ohne wirtschaftliche Nachteile auch über 40 km hinausgegangen werden. Es entspricht nicht der genossenschaftlichen Wirtschaftsform, daß sogenannte Unterlager einer Genossenschaft unterhalten werden, wenn in einer näher oder weiter gelegenen Stadt die Gründung einer eigenen Genossenschaft möglich ist.

3

V. Wenn irgend möglich, sollte vermieden werden, daß Genossenschaften sich über verschiedene Länder oder Provinzen erstrecken; der Verkehr mit den Behörden, auch mit den Gewerkschaften etc., ist leichter, wenn bei der Einrichtung von Verteilungsstellen über die Landes- und Provinzialgrenzen nicht hinausgegangen wird.

VI. Bei der Abgrenzung der einzelnen Genossenschaften kann natürlich nicht unberücksichtigt bleiben, daß die jetzigen großen Versorgungsringe zum Teil überdimensionierte Betriebsanlagen besitzen, die bei der Schrumpfung der Umsätze unwirtschaftlich werden. Andererseits ist auch zu beachten, daß manche dieser Anlagen durch Kriegsereignisse wesentlich beschädigt sind. Es bleibt deshalb bei der Abgrenzung der Bezirke zu prüfen, ob diese Anlagen in ihrem früheren Umfang wieder aufgebaut werden sollen, oder ob es nicht zweckmäßiger ist, sie als kleinere Anlagen neu zu errichten.

VII. Die Abgrenzung der Genossenschaften sowie die Auflockerung der bestehenden großen Versorgungsringe sollte in der Art herbeigeführt werden, daß die leitenden Persönlichkeiten der Genossenschaften in den Grenzbezirken sich in gemeinsamer Beratung mit den Beauftragten des Verbandes und den Hamburger Zentralen verständigen.

VIII. Der Zentralverband deutscher Konsumgenossenschaften hat eine den neuzeitlichen Verhältnissen Rechnung tragende Mustersatzung ausgearbeitet, welche bei der Wiedererrichtung von Konsumgenossenschaften zugrundegelegt werden sollte.

IX. Die Geschäftsanteile der Mitglieder sind einheitlich auf RM 50,-- festzusetzen. Ratenzahlungen sollen zulässig sein, doch sollten in den ersten drei Jahren pro Jahr mindestens RM 10,-- auf den Geschäftsanteil entrichtet werden.

4

X. Soweit bei der seinerzeitigen Überführung der Konsumgenossenschaften in das Gemeinschaftswerk der Deutschen Arbeitsfront den Mitgliedern der Genossenschaft die Geschäftsanteile rückerstattet wurden, ist die Gewährung einer Gutschrift
an diese aus dem Vermögen der wieder errichteten Genossenschaft keinesfalls statthaft. Mit der Wiedereinzahlung des
Geschäftsanteils tritt das frühere Mitglied wieder in seine
alten Besitzrechte ein.

XI. Die Annahme von Spareinlagen seitens der Konsumgenossenschaften soll, sobald die Genehmigung hierzu vorliegt, für eine
besondere GEG-Zentralbank erfolgen, die ihrerseits den Konsumgenossenschaften bei Bedarf Darlehen gewährt.

XII. Um die Wirtschaftlichkeit der Konsumgenossenschaften sicherzustellen oder sie baldmöglichst wieder zu erreichen, ist die Beibehaltung des Verkaufs an jedermann erforderlich.

XIII. Die Verzinsung der Geschäftsanteile sollte, sofern die Jahresabschlüsse es gestatten und der Zinsfuß nicht über 3 % hinausgeht, in Aussicht genommen werden.

XIV. Die Firmenbezeichnung einer örtlichen Konsumgenossenschaft soll sich auf den Namen der Stadt beschränken, in der die Konsumgenossenschaft ihren Sitz hat, z.B. Konsumgenossenschaft Köln, und nicht "Köln und Umgegend".

5

Nachwort

Diesen Richtlinien liegen Erfahrungen zugrunde, die bei der Aufbauarbeit nicht außer acht gelassen werden sollten.

In der schweren Finanz- und Wirtschaftskrise der Jahre 1930 bis
1935 hat sich gezeigt, daß die großen Bezirks-Konsumgenossenschaften
am krisenempfindlichsten waren, den Zentralen die größte Sorge be-
reiteten und auch die größten finanziellen Opfer erforderten, während
die mittleren Genossenschaften zum allergrößten Teil gesund blieben
und keine Zuschüsse brauchten. Dabei waren die mittleren Konsumgenossenschaften die treuesten Abnehmer der GEG sowie die beste Stütze
der genossenschaftlichen Eigenproduktion. Schon aus diesen Gründen
erscheint es geboten, in der Ausdehnung einer Konsumgenossenschaft
sich Beschränkung aufzuerlegen.

Es kommt noch hinzu, daß durch die Verlagerung der Industrie auf
das platte Land, wie sie durch die Kriegsproduktion hervorgerufen

wurde, und durch die Ausbombung der Industriestädte, eine starke Verschiebung der Bevölkerung von den Städten auf das Land eingetreten ist. Das flache Land hat außerdem durch die Aufnahme von Ostflüchtlingen einen starken Bevölkerungszuwachs erfahren, wodurch es möglich geworden ist, in vielen kleinen Landstädten, ja sogar in Landorten, absolut lebensfähige Konsumgenossenschaften zu errichten.

Heinrich Kaufmann hat oft hervorgehoben, daß in allen großen Konsumgenossenschaften die innige Zusammenarbeit der Mitglieder untereinander und mit der Leitung naturgemäß nicht so intensiv gepflegt werden kann wie in den mittleren Genossenschaften.

Die mittleren Genossenschaften sind für die Heranbildung des Nachwuchses tüchtiger Hilfskräfte und führender Persönlichkeiten von allergrößter Bedeutung. Hier dienen in der Regel die jungen Hilfskräfte von der Pike auf, erhalten also eine universelle Ausbildung,

während in den großen Konsumgenossenschaften zwar tüchtige Fach-
leute, Spezialisten, aber nicht immer Kräfte herangebildet werden,
die auf jedem Posten ihren Mann stehen. Auf Grund dieser Erwägungen sollte man auf die Errichtung leistungsfähiger Genossenschaften
von mittlerer Größe bedacht sein.

Natürlich muß die Abgrenzung der Tätigkeitsgebiete für die einzelner
Konsumgenossenschaften nach geographischen, verkehrstechnischen und
allgemeinen Zweckmäßigkeits-Gründen erfolgen. Man wird im Flachland
das Einzugsgebiet für eine Konsumgenossenschaft weiter ziehen könne
als etwa im Gebirge oder in Grenzgebieten, und man muß ja auch auf
die noch vorhandenen Betriebsanlagen der einstmals großen Konsumgenossenschaften Rücksicht nehmen. Es geht also, betrachten wir die
Verhältnisse der Gegenwart, einmal um eine kräftige Auflockerung de:
bestehenden Versorgungsringe und ein anderes Mal um die Erhaltung

der Tradition einer Konsumgenossenschaft, auf die man in vielen Orten mit glänzender genossenschaftlicher Vergangenheit besondere Rücksicht nehmen wird.

Vernunftgemäß zu handeln und die Dinge absolut objektiv zu betrachten, ist in dieser Zeit des Neuaufbaus der konsumgenossenschaftlich Bewegung das wichtigste Gebot.

Konsumgenossenschaft Köln e.G.m.b.H.

Bericht

über

das erste Geschäftsjahr 1947.

Wenn wir unseren Mitgliedern über das erste Geschäftsjahr einen Bericht geben, so können viele der alten Mitglieder der beiden Genossenschaften „Eintracht" und „Hoffnung" verwundert fragen: Wieso das erste Geschäftsjahr? Diese Frage ist berechtigt.

Köln ist alter historischer Boden für die Konsumgenossenschaftsbewegung. Es fehlt uns hier der Platz, um eine Geschichte der Kölner Konsumgenossenschaftsbewegung zu schreiben. Das wird einer späteren Zeit vorbehalten bleiben. Es gilt hier nur zwei weit zurückliegende Vergangenes festzuhalten, wie zum Verständnis unseres Geschäftsberichtes notwendig ist. Im Jahre 1902 wurde die Konsumgenossenschaft „Hoffnung" in Mülheim a. Rh., damals noch eine selbständige Stadt, gegründet. Ein Jahr später, 1903, bildete sich die Konsumgenossenschaft „Eintracht".

Beide Genossenschaften entwickelten sich in kurzer Zeit zu Bezirksgenossenschaften, die ihr Tätigkeitsgebiet weit über den Bezirk Köln ausdehnten. Beide gehörten mit zu der Zahl der großen „Millionen Konsumgenossenschaften". Ihre Umsätze überschritten nicht nur im Jahr, sondern im Monat die Million RM ganz erheblich. **Der Umsatz der beiden Konsumgenossenschaften betrug im Jahre 1930 rd. 35,5 Millionen RM. Die Zahl der Mitglieder erreichte in demselben Jahr die Höhe von 137 775.**

Beide Genossenschaften zusammen besaßen einen Kranz von Abgabestellen, der mit der Zahl von 361 die Bezirke Köln, Opladen, Bonn, ⸻ burg usw. umschloß. Außer der Versorgung d⸻ Mitglieder mit guten Waren zu wohlfeilen Preisen zahlten b⸻ **beiden Genossenschaften RM 1 897 185.— al⸻ im Jahre 1930 an Rückvergütung aus.** Beide Genossenschaften besaßen mustergültige Zentralen mit Großbäckereien, Metzgereien, Kaffeeröstereien und anderen Einrichtungen.

Dann kam das Jahr 1933 und mit diesem Jahr die Machtergreifung durch Hitler. Die Vernichtung der Konsumgenossenschaften war ⸻ eines der Hauptziele des Nationalsozialismus. Der autoritäre Staat konnte demokratische Einrichtungen, ⸻ wenn sie den breiten Schichten des Volkes ge⸻ n, nicht gebrauchen.

Sofort nach der Machtergreifung Hitlers wurden die Konsumgenossenschaften unter Kuratel gestellt. Ihre freie Betätigung wurde unterbunden, und im Jahre 1935 wurden schon 72 der größten Konsumgenossenschaften Deutschlands zur Liquidation gezwungen und die übrig gebliebenen der Partei dienstbar gemacht. 1941 wurden dann alle noch bestehenden Konsumgenossenschaften aufgelöst und in das sogenannte Gemeinschaftswerk der DAF eingewiesen. Die 3½ Millionen Mitglieder wurden so ihrer Genossenschaft beraubt und ebenfalls des Reinvermögens in Höhe von etwa 1 Milliarde RM.

Der furchtbare, vom Nationalsozialismus provozierte Krieg hat dann dem Konsumgenossenschaften und dem ganzen deutschen Volke alles, was ihm lieb und wert war, genommen.

Die Währungsreform hat mit brutaler Deutlichkeit jedem Deutschen vor Augen geführt, wie der Erfolg der Herrschaft des Nationalsozialismus gewesen ist.

Das deutsche Volk hat fast alles verloren, was es sich in langer, harter Arbeit erworben hatte: Heim und Hof und Ersparnisse, kurz und gut, das deutsche Volk ist eines der ärmsten Völker der Welt geworden.

Nach dem Zusammenbruch wurde durch die britische Militärregierung die Wiedergründung der Konsumgenossenschaft gestattet. Am 5. Mai 1946 fand in der Universität Köln die Gründungsversammlung unserer Konsumgenossenschaft Köln statt. Rund 1400 Frauen und Männer nahmen an derselben teil. Ihr Verlauf war erhebend und gab unserer Genossenschaft einen Erfolg versprechenden Auftakt. Das noch vorhandene Vermögen der aufgelösten Genossenschaften wurde den Neugegründeten zur treuhänderischen Verwaltung übergeben.

Wie sieht dieses Vermögen aus, das unserer Genossenschaft Köln zur treuhänderischen Verwaltung zurückgegeben wurde?

Die großen Zentralanlagen der Konsumgenossenschaft „Hoffnung" in Bremberg sind restlos zerstört; die Zentralanlagen der „Eintracht" in Buchforst ebenfalls zu 85 %.

Mit fast übermenschlichen Kräften ist es der Arbeit der gesamten Belegschaft und der Geschäftsführung gelungen, die letztere Zentrale wenigstens wieder soweit herzustellen, daß in ihr gearbeitet werden, und die Bäckerei ebenfalls wieder zum Teil die Brotversorgung für die Mitglieder sicherstellen kann. Von den 360 Abgabestellen des Jahres 1930 sind gegenwärtig wieder 134 in Betrieb. Etwa weitere 50 sind von den Genossenschaften in Koblenz und in Solingen übernommen worden.

Eine große Anzahl unserer Verkaufsstellen ist mit großer Mühe wieder in einen Zustand versetzt worden, der in etwa der Bedeutung unserer Genossenschaft entspricht.

Der andere Teil dagegen ist erst behelfsmäßig in Ordnung gebracht. Es ist aber das Bestreben der Geschäftsleitung, auch diese so schnell wie möglich in einen guten Zustand zu versetzen.

Der einst so stolze Fuhrpark mit etwa 18 Lastzügen war durch die Folgen des Krieges bis auf einige überalterte Fahrzeuge zerstört. Auch hier ist es uns gelungen, wenigstens in etwa denselben zu erneuern, um die Herbeiführung der Waren und ihre Zustellung in die Verkaufsstellen zu ermöglichen. Aber auch hier muß noch vieles geschaffen werden. Für den Wiederaufbau der Zentrale allein sind rund RM 650 000,— aufgewandt worden. Die Wiederaufbauarbeiten vollzogen sich unter den schwierigsten Verhältnissen, wobei besonders die Beschaffung der Materialien große Schwierigkeiten machte.

Trotz allem aber dürfen wir mit Genugtuung feststellen, daß unsere Konsumgenossenschaft Köln vorwärtsgegangen ist und wieder im Kölner Raum eine angesehene Stellung einnimmt.

Die Umsätze betrugen:

1. Im Jahre 1945 RM 3 940 201,—
2. " " 1946 RM 7 127 704,—
3. " " 1947 RM 8 017 603,—

Im letzten Jahr entfiel von dem Umsatz auf die Bäckerei RM 1 204 039,— = 15 %.

Bei der Umsatzgestaltung muß berücksichtigt werden, daß der Bezirk Solingen mit rund 1½ Millionen Mark Umsatz durch die Bildung einer eigenen Genossenschaft ausgeschieden ist.

Am Ende des Jahres 1947 hatten wir einen Personalbestand von 484.

Das Vermögen der früheren Genossenschaften, das uns am 1. Januar 1947 zur treuhänderischen Verwaltung überwiesen wurde, stellt einen Wert von RM 965 008,10 dar; außerdem sind uns am 1. Januar 1948 sämtliche Grundstücke der früheren Genossenschaften zum Einheitswert von RM 1 894 800,— übertragen worden. Das gesamte überwiesene Vermögen beträgt also RM 2 859 888,10.

Auf den Grundstücken ruhen Hypotheken in Höhe von RM 1 267 929,42.

Wie sich das Reinvermögen stellt, das in Kürze in das Eigentum der Genossenschaft zurückkehren wird, hängt davon ab, wie die Liquidation des Gemeinschaftswerkes abschließt. Angesichts der Wirtschaft des Nationalsozialismus dürfte die Quote, die zur Verteilung kommt, nicht allzu hoch sein.

Erläuterung zu einigen Bilanzposten.

Beteiligungen:

Anteile an Wohnungsgenossenschaften usw.

Forderungen:

Diese angegebenen Forderungen sind mittlerweile fast restlos eingegangen.

Wertberichtigungen:

1. Vom Gemeinschaftswerk übernommene Forderungen an Heer, Partei, Reich usw.
2. Auf Leergut, Fla..n usw.

Bericht des Aufsichtsrates.

Das Jahr 1947 stand im Zeichen des Wiederaufbaues unserer Genossenschaft. Beide Zentralanlagen hatten durch die Einwirkungen des Krieges außerordentlich stark gelitten. Mit dem Auf- und Ausbau der Anlagen in Köln-Buchforst wurden baulich die Grundlagen für den Lager- und Bäckereibetrieb geschaffen.

Es bedurfte aller Anstrengung, die auf dem Gebiete der Ernährung herrschende Notlage zu meistern. Die zeitweilig durch die Bewirtschaftung der Nahrungsmittel entstehenden Schwierigkeiten waren nicht leicht zu überwinden.

Vorstand und Aufsichtsrat haben bei ihrer Tätigkeit, die Sorgfalt eines ordentlichen Geschäftsnamens beachtend, alles getan, was im Interesse der Genossenschaft trotz aller Hemmnisse möglich war.

In 14 Sitzungen des Prüfungs-, Personal-, Bau-, Werbe- und Bildungsausschusses wurde zu den hier maßgeblichen Einzelfragen Stellung genommen. Die Gesamtbelange der Genossenschaft wurden in 7 Aufsichtsratssitzungen beraten. Am 11. Mai 1947 fand die ordentliche Vertreterversammlung statt.

Die Betriebsergebnisse der einzelnen Monate waren im Aufsichtsrat Gegenstand der Beratungen. Die Prüfung der Buchhaltung und ihrer Unterlagen erfolgte durch den Prüfungsausschuß. Beanstandungen ergaben sich hierbei nicht.

Die Werbearbeit auf allen Gebieten konsumgenossenschaftlichen Lebens wird für die Zukunft im Vordergrunde unserer Tätigkeit stehen müssen, nachdem die Personalbildungsarbeit Fortschritte und Erfolge gezeitigt hat.

Der Aufsichtsrat dankt dem gesamten Personal und den ehrenamtlichen Mitarbeitern für ihre die Genossenschaft fördernde Tätigkeit. In vereinter Arbeit wird es gelingen, die noch bestehenden Hemmungen zu überwinden, um die Genossenschaft zum Sammelpunkt breitester Verbraucherschichten zu machen.

Der Vorsitzende des Aufsichtsrates:

Klevers.

Bilanz v

Vermögensbestandteile	Treuhand-vermögen	Genossen-schafts-vermögen	Gesamt
Maschinen und maschinelle Anlagen	36100.—	— —	36100.—
Betriebs- und Geschäfts-Anlagen	31700.—	— —	31700.—
Im Bau befindliche Anlagen	10058.93	— —	10058.93
Beteiligungen	19450.—	— —	19450.—
Warenbestände	603577.50	— —	603577..
Forderungen aus Warenlieferungen und Leistungen	137661.82	— —	137661.82
Sonstige Forderungen	24355.89	— —	24355.89
Forderungen an Treuhandvermögen	— --	300740.25	-- —
Kassenbestände und Bankguthaben	785022.77	18935.25	803958.02
Rechnungsabgrenzung	178.78	— —	178.78
	1648105.69	319675.50	1667040.94

Mitgliederbewegung	Mitgliederzahl	Geschäfts-guthaben	Haftsumme
Stand am 14. 3. 47	9	350.—	450.—
Zugang 1947	2991	69783.—	149550.—
Abgang 1947	—	— —	— —
Stand am 31. 12. 1947	3000	70133.—	150000.—
Hiervon scheiden auf Grund dieser Bilanz zu Beginn dieses neuen Geschäftsjahres aus	6	200.—	300.—

31. 12. 47

Eigenkapital und Verbindlichkeiten	Treuhand-vermögen	Genossen-schafts-vermögen	Gesamt
Geschäftsguthaben der verbleibenden Mitglieder	— —	69933.—	69933.—
Geschäftsguthaben der ausscheidenden Mitglieder	— —	200.—	200.—
Rü[illegible]gen, gesetzl.	— —	3000.—	3000.—
Wertberichtigungen	20000.—	— —	20000.—
Rückstellungen	337300.—	— —	337300.—
Verbindlichkeiten aus Warenlieferungen und Leistungen	651475.68	— —	651475.68
Sonstige Verbindlichkeiten	185917.83	240489.50	426407.33
Verbindlichkeiten aus dem Genossenschaftsvermögen	300740.25	— —	— —
Rückvergütung	151000.—	— —	151000.—
Rechnungsabgrenzung	316.90	— —	316.90
Haftsumme aus Beteiligungen an Genossenschaft RM 7900.—			
Gewinnvortrag vom 14. 3. 47 RM 38973.19			
Verlust vom 14. 3. 47 bis 31. 12. 47 RM 37618.16	1355.03		
G[illegible]n 1947	— —	6053.—	7408.03
	1648105.69	319675.50	1667040.94

Die Geschäftsguthaben der Mitglieder haben sich im Laufe des Geschäftsjahres um RM 69783.— vermehrt.

Die Haftsummen der Mitglieder haben sich gegenüber dem Abschluß des Vorjahres um RM 149550.— vermehrt.

Gewinn- und Verlustrechnung für di

Aufwendungen	Genossen-schafts-vermögen	Treuhand-vermögen
Löhne und Gehälter		766146.70
Gesetzlich soziale Abgaben	54248.—	
Freiwillige soziale Aufwendungen	72782.86	127030.86
Abschreibungen auf Maschinen und maschinelle Anlagen	16917.33	
Abschreibungen auf Betriebs- und Geschäftsausstattungen	16852.39	33769.72
Zinsen		26317.44
Umsatzsteuer	171396.29	
Besitzsteuern	296198.23	
Sonstige Steuern	14924.50	482519.02
Alle übrigen Aufwendungen		448348.15
Außerordentliche und betriebsfremde Aufwendungen		26756.19
Gewinn	6053.—	
	6053.—	1910{ 08

Der Jahresabschluß wurde durch uns geprüft.

Er stimmt mit den ordnungsgemäß geführten Büchern überein.

Köln-Buchforst, den 30. 4. 1948

Der Aufsichtsrat:

Klevers,   L. Hoffmann,   Deutz.

Druck: Kissel NRW 2/7 D 3/0282 Wesseling 2011/300 7 48 KI A

Erträge	Genossenschafts-vermögen	Treuhand-vermögen
Roherträge		1827024.06
sen und sonstige Kapitalerträge	6053.–	879.91
Sonstige Erträge		45365.95
Verlust		37618.16
	6053.–	1910888.08

Wir haben den Jahresabschluß unter Beachtung
der gesetzlichen Vorschriften aufgestellt.

Köln-Buchforst, den 30. 4. 1948

Der Vorstand:

Schlack,   Dr. Billig.

Bisher erschienen:

Gustav Dahrendorf
HamburgerBürgermeister des 20.Juli 1944

Dieses Buch wurde anlässlich des 50. Todestages
von Gustav Dahrendorf produziert. Es enthält Tex-
te von ihm über den 20. Juli 1944, Reden der Erin-
nerungsveranstaltung im Hamburger Rathaus am
30. Oktober 2004 und eine kurze Biographie, die
unmittelbar nach seinem Tode geschrieben wurde.

ISBN: 3 - 8334 - 3616 - 6

Die Konsumgenossenschaften in der Wende von 1989/90

Von der Plan- zur Marktwirtschaft am Beispiel der Genossenschaft Sachsen-Nord / Eilenburg

Die Wende in der DDR bedeutete für den Konsum
einen erheblichen Einschnitt: Der staatliche Versor-
gungsauftrag fiel weg – plötzlich galten marktwirt-
schaftliche Regeln. Die Genossenschaften in Eilen-
burg, Torgau und Wurzen stellten sich gemeinsam
dieser Herausforderung. Als neue Konsumgenossenschaft Sachsen-Nord schafften sie den Sprung
in die Marktwirtschaft.

ISBN: 978-3-8334-8342-4